Armin Maiwald
Entdeckungsreisen

Christoph Columbus und das Wachsen der Welt

Koautoren:
Dieter Saldecki
und Peter Brandt

Illustrationen
von Hauke Kock

Arena

Inhalt

	Inhalt	4
	Vorwort	6
	Biografien	8

Teil I · Geheimnisse über Geheimnisse   9

1	Der Mann mit den vielen Gesichtern	10
2	Verwischte Spuren	14
3	Kein Tag wie jeder andere	17
4	Der Kampf mit den Piraten	21
5	Der betrunkene Steuermann	24
6	Die Erde ist eine Scheibe oder Wie man sich zur Zeit des Columbus die Welt vorstellte	27
7	Die Legende von Brendan	31
8	Wie Leif Eriksson das „Weinland" entdeckte	34
9	Die Nase im Wind oder Der richtige Mann zur richtigen Zeit am richtigen Ort	39

Teil II · Ein Traum wird wahr   41

10	Der geheime Brief	42
11	Der Streit der Experten	46
12	Von alten Briefen und versunkenen Schiffen	49
13	Der neue Freund	54
14	Zeit für neue Pläne	56
15	Von Handelsschiffen und Karavellen	58
16	Bis an den Rand der Welt und darüber hinaus	61
17	Die zweite Chance	62

Inhalt

Teil III · Das große Abenteuer — 65

18	Das Wunder hat einen Namen	66
19	Zwei Schiffe als Strafe	68
20	Die „goldene Scheibe"	71
21	Immer den Vögeln nach	76
22	Land in Sicht	78
23	Ein kleiner Schritt für Miguel – ein großer für die Menschheit	80
24	Auf der Jagd nach Gold	83
25	Wie der Schiffsjunge Miguel am 24. Dezember 1492 die „Santa Maria" versenkte	85
26	Das Duell der Kapitäne	88
27	Der große Triumph	91

Teil IV · Die Eroberung der „Neuen Welt" — 93

28	Die zweite Reise	94
29	La Navidad oder Der Anfang vom Ende	96
30	Der erste Krieg	100
31	Die Strafe Gottes	102
32	Vasco da Gama oder Die Entdeckung der Ost-Route	105
33	Mit Knackis, Ketzern und Kanonen	107
34	Knies im Tropenparadies	110
35	Die vierte Reise	113
36	Endgültig besiegt	119
37	Die Rettung	122
38	Die fünfte Reise	125
39	Fragen über Fragen	127

Vorwort

Wenn man heute nach Amerika reisen möchte, geht man ins Internet, ins Reisebüro oder an den Schalter einer internationalen Fluggesellschaft, sagt, wo man hinwill ... nach New York, San Francisco, Venezuela ... oder auf die Bahamas, bekommt das Ticket ... steigt in den Flieger und ist wenige Stunden später in der „Neuen Welt".

Ein Überschallflieger wie die „Concorde" brauchte – als sie noch flog – für die Strecke Paris–New York weniger als 120 Minuten.

Mit dem Schiff dauert es ein bisschen länger, aber nach fünf Tagen ist man auch da. Der schnelle Luxus-Liner und ehemalige Gewinner des „Blauen Bandes", die Queen Mary, fuhr 1938 die Strecke Bishop Rock (England)–Ambros (Amerika) genau in drei Tagen, 21 Stunden und 48 Minuten.

Wahrscheinlich denkt niemand von den vielen tausend Reisenden daran, was für ein lebensgefährliches Abenteuer es war, damals, mehr als 500 Jahre zuvor, dieselben Orte von Europa aus zu erreichen.

Der Berühmteste, der es damals – mit der wohl bekanntesten kleinen Flotte der Welt, der „Santa Maria", der „Pinta" und der „Niña" (sprich: Ninja) – geschafft hat, war Christoph Columbus. Einerseits war er ein Träumer, Kämpfer, Segel-Ass, Kaufmann, Sternenkundiger, Gottgläubiger – andererseits ein Schlitzohr, Bärenaufbinder, Betrüger, Verrückter, Ruhm- und Goldgieriger, der die „Eingeborenen" rücksichtslos umbringen ließ, wenn sie

Vorwort

seine Interessen störten. Angeblich konnte er nicht einmal eine Hafeneinfahrt fehlerfrei ansteuern.
Kurzum: Ein Mann voller Geheimnisse, der eigentlich auf der West-Route nach Indien wollte und dabei Amerika sozusagen zufällig entdeckte.
Ein Glücksfall für ihn und Europa, ein Unglück aber für die dort bisher mehr oder minder friedlich lebenden Einheimischen!
Höchstwahrscheinlich jedoch war er nicht der erste Europäer, der die „Neue Welt" betrat. Ein irischer Mönch, Brendan, und der wilde Wikinger, Erik der Rote, sind vermutlich 1.000 beziehungsweise 500 Jahre vor ihm schon mal dort gewesen.
Und die Ureinwohner müssen ja auch irgendwie dahin gekommen sein?
Geheimnisse über Geheimnisse! In diesem Buch wollen wir ein bisschen mehr die „wirkliche" Wahrheit herausfinden.
Neugierig und nachdenklich ... wie immer bei der Sendung mit der Maus!

Willkommen an Bord der Welt-Geschichte(n)!

Euer
Armin

PS: Columbus hat sich selbst übrigens ständig anders genannt, in unserem Buch heißt er deshalb einfach nur C.C.

Armin Maiwald

Die Maus ist Kult – Armin Maiwald ihr Mit-Erfinder. Schon 1969 produzierte der damalige Jung-Regisseur Sachgeschichten. 1972 setzte eine unglaubliche Erfolgsgeschichte ein: Die „Sendung mit der Maus" begeisterte Kinder und Eltern gleichermaßen. Generationen von Kindern hat die Maus seitdem mit ihren spannenden Sachgeschichten geprägt. Eine seiner berühmten Fragen ist: „Wie kommen die Streifen in die Zahnpasta?" Produzent und Regisseur Maiwald tritt seit Ende der 70er Jahre auch selbst in den Sendungen auf. Für verschiedene Maus-Specials erhielt er namhafte Auszeichnungen. 1995 folgte das Bundesverdienstkreuz.

Dieter Saldecki

Theologe und Kabarettist, begann seine Fernsehkarriere 1971 als freier Mitarbeiter beim Fernseh-Kinderprogramm des WDR. Dort entwickelte er eine neue Art von Fernsehjournalismus für Kinder mit Programmen wie „Vorsicht Kinder in der Kiste", „Weltspiegel für Kinder" und „Kein Tag wie jeder andere".
Seit mehr als 30 Jahren ist er redaktioneller Partner von Armin Maiwald und Christoph Biemann in den Sachgeschichten der „Sendung mit der Maus". Seit 1997 leitet er die Entwicklung der ersten deutschen Kinderweekly „Schloss Einstein". Er erhielt zahlreiche Auszeichnungen, darunter den Grimme-Preis.

Peter Brandt

Jahrgang 1946, arbeitete als Fotograf und Kameramann viele Jahre für das ZDF. Mit 35 gründete er eine Filmproduktion und drehte auch einige Unterwasserfilme für die „Sendung mit der Maus". Seit zehn Jahren verfasst er Drehbücher fürs Kinderfernsehen (u.a. für Blaubär-Club, Philips Tierstunde, Schloss Einstein). Aktuell schreibt er seit vier Jahren den Comic HanisauLand, der in monatlichen Fortsetzungen von der Bundeszentrale für Politische Bildung ins Internet gestellt wird. Über hunderttausend Kinder und Jugendliche besuchen die Seite www.hanisauland.de jeden Monat.

Geheimnisse über Geheimnisse

(Allegorie) „Columbus, der erste Erfinder der neuen Welt" (Kupferstich von Theodor de Bry, 1594)

Kapitel 1
Der Mann mit den vielen Gesichtern

Der Mann mit den vielen Gesichtern

Wenn man von jemandem erzählen will, egal, ob er berühmt oder nicht so berühmt ist, dann schaut man sich am besten erst mal an, wie der wohl aussieht oder ausgesehen hat.

Mich kennen die meisten von euch ja. So sehe ich heute aus.

So habe ich vor 30 Jahren ausgesehen.

So, als ich mir vier Jahre die Haare nicht schneiden ließ.

Das bin ich 1946 – direkt nach dem Zweiten Weltkrieg ...

... und so habe ich als Baby ausgesehen.

Vom Christoph aus der „Sendung mit der Maus" haben wir uns auch mal ein paar Fotos besorgt.

Auch der sieht jedes Mal anders aus, aber gleichzeitig sind wir uns doch auch immer selbst ähnlich, oder?

Wie ist das nun bei dem anderen Christoph, dem Cristoforo, Cristóbal oder auch Cristoferenz Columbus?

Fotos von ihm sind natürlich Fehlanzeige, die gab es 1451, als C.C. geboren wurde, noch nicht. Das Fotografieren ist erst im 19. Jahrhundert erfunden worden.

Aber trotzdem gibt es Bilder aus der Zeit davor. Keine Fotos, sondern Gemälde.
Berühmte Leute wie Kaiser, Könige, Feldherrn, Wissenschaftler, Dichter und wer sich sonst noch für wichtig hielt oder gehalten wurde, ließen sich nämlich ab und an „in Öl" malen. Zum Beispiel: Wenn sie mal wieder einen Krieg gewonnen hatten, geheiratet oder sonst was Tolles angestellt hatten.

Dementsprechend müsste eigentlich auch von dem berühmten Entdecker C.C. das eine oder andere Ölbild existieren. Das tut es auch, es gibt sogar mehr als 70 davon.

Aber, und jetzt wird es spannend, auf keinem der 70 Bilder ist C.C. sich ähnlich! Jedes Mal sieht er völlig anders aus. Mal ganz hager und schmal, mal richtig dick und rund. Es gibt ihn ganz ohne und mit Schnauzbart. Manchmal guckt er wie ein Held, manchmal schrecklich ängstlich. Und noch etwas ist interessant. Schaut man nach den Jahres-

unten links:
Christoph Columbus von Sebastiano del Piombo (1519)
unten rechts:
Christoph Columbus, anonym (1520)

 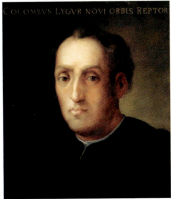

Kapitel 1

zahlen auf den Gemälden, entdeckt man: Keines dieser Bilder wurde zu seinen Lebzeiten gemalt.

Wie kann man vielleicht doch noch herausfinden, ob irgendwo auf einem dieser Bilder der echte Columbus ist, so wie er damals tatsächlich ausgesehen hat?

Es müsste jemanden geben, der damals gelebt, ihn gekannt und darüber erzählt hat. Und so jemanden gibt es tatsächlich, nicht nur einen, sondern zwei: Der eine ist sein Sohn Fernando. Er hat eine Biografie über den Vater geschrieben.

Der andere, ein gewisser Bartholome de las Casas, muss C.C. gut gekannt haben, weil er mehrfach mit ihm in die „Neue Welt" gesegelt ist.

In seinem Buch „Geschichte der Indianer" von 1515 beschreibt er sehr genau das Aussehen und den Charakter des großen Entdeckers:

„Er war etwas über mittelgroß mit einem langen Gesicht ... Er hatte eine Hakennase, blaue Augen und eine helle Haut, die dazu neigte, leuchtend rot zu werden. Bart und Haare waren rot, aber sie wurden früh grau ... Er war locker beim Sprechen ... ernsthaft, zuvorkommend mit Fremden, sanft und angenehm zu den Mitgliedern der Familie, schüchtern und zurückhaltend beim Essen, Trinken. ...

Alles machte er im Namen der „heiligen Dreifaltigkeit". Wenn er schrieb, begann er mit „Jesus und Maria sind mit uns"; wenn er schwor, dann beim „heiligen Ferdinand", und wenn ihm Gold oder edle Dinge gebracht wurden, ging er in seine Kabine und dankte Gott, dass er ihn (und uns) für wert befunden hat, so viele gute Dinge zu entdecken" (verkürzt zitiert nach „Die vierte Reise").

C.C. um 1520 gemalt von Ridolfo Ghirlandaio

Kapitel 1

Von allen 70 Bildern kommt dieses Gemälde hier links unten der Beschreibung am nächsten. Vermutlich stammt es von einem Maler mit dem Namen Ridolfo Ghirlandaio. Der hat es um 1520 nach einer Vorlage aus dem Jahr 1505 gemalt – also nach einem Bild, das noch zu Lebzeiten von C.C. entstanden ist.
Es zeigt einen älteren Mann in Mönchskutte mit weißen Haaren, hoher Stirn, einer Hakennase und großen, müden Augen. Ein Mann, der in seinem Leben viel gekämpft haben muss. Kein glänzender Sieger oder Held.

... und was ist mit den anderen Bildern? Die sind sozusagen „Vorstellungen" von C.C. Verschiedene Maler haben sich ihn so vorgestellt, wahrscheinlich ohne ihn jemals wirklich gesehen zu haben.
Merkwürdig ist es schon, dass es wahrscheinlich nur ein einziges Bild vom „echten" C.C. gibt. Vor allem weil es doch zu seiner Zeit für Leute von Welt absolut angesagt war, sich porträtieren zu lassen.
Also, es gibt drei Möglichkeiten:
Erstens: Er war nicht eitel genug.
Zweitens: Es war ihm zu teuer; für so etwas wollte er kein Geld ausgeben.
Oder drittens: Er konnte und wollte einfach nicht so lange still sitzen, um ja kein Abenteuer zu verpassen.

... und genauso geheimnisvoll wie die Geschichte seiner Bilder war seine Kindheit.
Davon erzählen wir im nächsten Kapitel.

Kapitel 2
Verwischte Spuren

Verwischte Spuren

Wirklich verraten hat C.C. über seine Kindheit ganz wenig und Dokumente gibt es auch kaum. Vor allem keine Geburtsurkunde. Vermutlich wird er 1451 irgendwann zwischen Anfang September und Ende Oktober geboren. Wie kommt man auf dieses Datum? Man hat einen Schuldschein gefunden, mit dem Datum 31.10.1470. Den hat C.C. zusammen mit seinem Vater unterschrieben. Und in dem ist vermerkt, dass der Junge damals gerade 19 Jahre alt geworden ist.

Und da er 1479 in einem Rechtsstreit nicht nur angibt 100 Gulden zu besitzen, sondern auch 27 Jahre alt zu sein, könnte September/Oktober 1451 als Geburtszeit hinkommen. Auf jeden Fall scheint er als guter Katholik nie Geburtstag zu feiern, sondern Namenstag.

Was weiß man noch?

Dass sein Vater, Domenico, 1429 mit elf Jahren von einem gewissen Gerardo di Brabante d'Alemagna (also einem Deutschen) einen Lehrvertrag als Wollweber erhalten hat und deswegen vatermutterseelenallein nach Genua ziehen musste.

Elf Jahre später ist Domenico Wollwebermeister und pachtet ein Haus in der Nähe eines der Stadttore von Genua (d'Olivella). Es ist das Haus, in dem C.C. höchstwahrscheinlich geboren wird. Aber kurz vorher macht sein Vater noch richtig Karriere. Er wird, weil er beim Kampf

Unterzeichnet hat er übrigens mit dem Kürzel „XFRS" = Xristo FeRenS

Das bedeutet „Der, der Christus in sich trägt". Offensichtlich wollte er schon damals etwas Besonderes sein.

Außerdem hat C.C. verschiedene Siegel verwendet und seinen Namen immer wieder variiert: Cristoforo, Cristóbal, Cristoferenz, Columbus, Colombo, Colón usw. ... usw.

Kapitel 2

zweier mächtiger Genueser Adelsfamilien auf der Seite der Gewinner gestanden hat, zum Wächter des Stadttores ernannt, an dem er wohnt. Darüber gibt es eine Urkunde von 1451 und auch die ersten beiden Zahlungsanweisungen sind heute noch erhalten. 21 Lire erhielt C.C.'s Vater alle drei Monate. Für die Zeit ist das kein schlechter Zusatzverdienst. Und ein wichtiger Posten dazu. Er kann entscheiden, wer Genua verlassen, und vor allem, wer hineindarf.
Cristoforo ist das erste Kind von Susanna di Fontanarossa und Domenico. Ihm folgen zwei Brüder, Diego und Bartolomeo.
So weit, so gut!

Harter Schnitt:

441 Jahre später, im Jahr 1892 feierte man das 400-jährige Jubiläum der Entdeckung der „Neuen Welt" durch Christoph Columbus.
Und plötzlich wurden Zweifel laut: C.C. käme gar nicht aus Genua, hieß es.
Viele Städte behaupteten, er sei innerhalb ihrer Mauern geboren worden. Zuerst nur italienische, dann spanische, schließlich auch portugiesische Städte. Und als Höhepunkt meldete sich ein norwegischer Autor namens Tor Borch Sannes und meinte, C.C. sei als Christopher Bonde in Nordfjord bei Bergen geboren. Sofort begannen die Forscher zu forschen. Sollte da was dran sein, dass der große C.C. gar kein Genueser war?
Das Erste, was sie feststellten, war: C.C. hat tatsächlich niemandem etwas über seine Herkunft verraten, auch nicht seinen Kindern. Im Gegenteil, sein Sohn Fernando schreibt über ihn: „Er zog es vor, alles, was mit seiner Geburt und seiner Familie zu tun hatte, im Ungewissen zu lassen."
Kein Wunder also, dass viele Städte ihn später, als er berühmt war, für Jubiläumsfeiern und als Aushängeschild für die Touristen haben wollten.
Das Zweite, was die Forscher herausfanden, war: C.C. hat nur ganz selten italienisch gesprochen oder geschrieben. Meist redete er kastilisch und machte seine Notizen auf Portugiesisch. Zwei Hinweise gibt es aber von C.C. selbst in dieser Sache. In seinen beiden Testamenten (1498 und kurz vor seinem Tod 1506) teilt er mit: „Ich wurde in Genoba geboren."
Genoba könnte eine andere Schreibweise von Genua sein. Es gab aber damals auch eine Republik Genoba/Genua auf Korsi-

Kapitel 2

ka. Und ein Dorf mit diesem Namen existiert noch heute: auf Mallorca!

Und weil man gerade so schön am Zweifeln war – damals im Jahre 1892 – hat man auch gleich C.C.'s ganze Herkunft bezweifelt. Konnte so ein kleiner, unbedeutender Sohn eines Wollwebers wirklich Admiral geworden sein? Hatte er vielleicht nicht doch adlige Vorfahren oder kam er womöglich aus einer gebildeten jüdischen Familie?

Fragen über Fragen! Aber auf einige davon gibt es ganz einfache Antwortmöglichkeiten. Beispielsweise was seine Bildung angeht: Er hielt sich später lange im Kloster La Rábida auf. Dort könnte er sich weitergebildet haben.

Zu seinen außergewöhnlichen Beziehungen lässt sich sagen: Er war clever genug eine verarmte portugiesische Adelige zu heiraten, die ihm Zugang zum Königshof verschaffte.

Und was die jüdische Abstammung betrifft: Einerseits trugen damals in Italien tatsächlich viele Juden den Namen Columbus. Doch andererseits durften Juden gar nicht in Genua wohnen. Für beides gibt es Dokumente, die das belegen.

Ende der Diskussion!

Harter Schnitt 400 Jahre zurück:

Mit hoher Wahrscheinlichkeit wird C.C. 1451 in Genua geboren, geht als ältester Sohn eines Wollwebers in eine Wollweberschule, lernt diesen Beruf und die überaus problematische Welt eines Kaufmanns kennen. Denn sein Vater macht pleite, kann nicht einmal mehr den Lehrling bezahlen (darüber gibt es ein Dokument), er muss umziehen und pachtet eine Kneipe. Aber auch als Gastwirt ist er nicht erfolgreicher.

Was im Genua dieser Zeit zählt, sind nicht Wollstoffe, sondern Gold, Gewürze, Edelsteine, Seide und Parfüm. Lastensegler bringen diese Kostbarkeiten aus fernen Ländern mit. C.C. und seine Brüder stehen wahrscheinlich oft am Hafen und träumen sich in andere goldene Welten, während die Familie immer ärmer wird. Eines Tages muss er dann wohl zum ersten Mal mit einem der großen Lastensegler mitgefahren sein.

... und wie das damals gewesen sein könnte, als C.C. das erste Mal aufs Meer hinausdurfte, davon träumen wir mit ihm im nächsten Kapitel.

So ungefähr haben zu C.C.'s Zeiten Handelsschiffe ausgesehen.

Kapitel 3
Kein Tag wie jeder andere

Kein Tag wie jeder andere

Genua, im Jahre des Herrn 1462

Die Feuchtigkeit des viel zu kalten Winters hing selbst jetzt, in der Mitte des Monats April, noch immer in den Mauern der Altstadt. Das nasse Holz, das rauchend in den Kaminen und Feuerstellen der Stadt verkohlte, schaffte es nicht, die Feuchte aus den weiß gekalkten Wänden zu treiben. Die schimmeligen Flecken verwandelten sich im flackernden Licht der Öllampen in dämonische Gesichter, die von Stunde zu Stunde ihr Aussehen veränderten und die Kinder unruhig schlafen ließen.
Christoph erwachte vom dröhnenden Klang der Glocken, den der Westwind von San Donato herüberwehte.
Der Lärm der Stadt drang in seine Ohren. Hähne schrien, Schweine grunzten auf dem Weg zum Schlachthaus, Gänse gackerten.
Man hörte das Knarren der Ochsenkarren und das eilige Klappern von Hufen auf gepflasterten Wegen. Nachttöpfe wurden klatschend auf die Gasse geleert, im Nachbarhaus weinte ein Kind. Irgendwo rief jemand: „Buon giorno." Die Stadt war erwacht.
Christoph rieb sich den Schlaf aus den Augen und blinzelte dem neuen Tag entgegen.
Richtig, das war ja heute nicht wie immer: Morgens büffeln in der Schule der Wollweberzunft, dann in der Werkstatt Tuchballen ausmessen, Wollfäden in den Webrahmen einziehen und abends dann dieses verdammte Ausfegen, das er hasste wie die Pest, die damals von Zeit zu Zeit die Städte heimsuchte.
Nein, heute würde er aufs Meer hinausfahren, nicht nur mit einem kleinen Boot ein wenig im Hafen herumrudern, diesmal durfte er zum ersten Mal mit Pietro aufs offene Meer hinaus.
Hinter dem Palazzo San Giorgio lag der lang gestreckte Hafen der Stadt

Kapitel 3

Genua. Er hatte die Stadt berühmt und auch reich gemacht. Von hier aus waren die Kreuzfahrer ins Heilige Land aufgebrochen und die Genueser Kapitäne, die sie auf ihren Schiffen über das Mittelmeer brachten, hatten an ihren Kriegen verdient. Das Geld reichte sogar noch, so erzählte man sich, für den Bau der Kirche von San Lorenzo aus.

Das war lange her.

Heute wurden keine Ritter mit eisernen Rüstungen mehr verladen und auch keine Schlachtrösser. Heute transportierte die Flotte der Stadt friedlichere Dinge, wenn man von dem für die Herstellung von Schießpulver benötigten Salpeter einmal absah.

Im Westen ragte der über 100 Meter hohe Leuchtturm des Hafens in das Blau des Himmels. Genau vor Christophs Nase lag der Fischereihafen. Pietro winkte ihm ungeduldig von Bord seines Schiffes zu. Sein Gehilfe verstaute die Netze an Deck. Dann half er Christoph vom Landungssteg auf die schwankenden Planken. Die schwieligen Hände des Fischers holten die Fallen der Takelage dicht, das Lateinersegel rauschte den Mast hinauf und begann sich im Wind zu blähen.

Sekunden später hielt das Fischerboot auf die Brandungslinie zu, der Bug teilte das grünblaue Wasser, Gischt sprühte über das Deck.

Christoph Columbus war in diesem Moment vielleicht der glücklichste Zwölfjährige auf der ganzen damals bekannten Welt.

Am Mittag lag das Deck des kleinen Fischerbootes voller Fische. Viel Thunfisch war ihnen ins Netz gegangen, aber auch ein kleiner Riffhai zuckte sterbend in der Mittagssonne.

Im Süden tauchte ein Segel am Horizont auf, wuchs rasch in die Höhe. Ein dickbäuchiges Handelsschiff hielt direkten Kurs auf ihren Kahn. Schnell zogen sie die Netze an Bord und machten, dass sie aus der Fahrroute dieser Karacke herauskamen.

Am Heck des Frachters wehte die Flagge Genuas. Der Fischer schirmte seine Augen gegen die Mittagssonne ab und versuchte den Namen des näher kommenden Schiffes zu entziffern. Es war die „Felitia".

Vor drei Monaten war sie mit Bestimmungshafen Alexandria ausgelaufen. Nun kehrte sie zurück, beladen mit Gewürzen, Tüchern, Seide, gezuckerten Datteln und vielen anderen Dingen, die die reichen Genuesen so schätzten. Vielleicht hatte sie auch schwarze Sklaven an Bord. Die brachten von all dem, was Afrika zu bieten hatte, immer noch den meisten Gewinn.

„Falkone", brüllte der Fischer in den Wind. Er steuerte sein Boot in einem nicht ganz ungefährlichen Manöver nahe an die Bordwand des Handelsschiffs, das nun neben ihnen auftragte wie ein dreistöckiges Wohnhaus.

Christoph hatte oft solche Schiffe im Hafen bewundert. Jetzt, wo er selbst auf schwankenden Planken stand und die Bordwand hinaufblickte, wurde ihm die Größe erst richtig bewusst.

Plötzlich flog eine Leine über die Reling der Karacke. Pietro befestigte sie am Bug des Fischerbootes. Sein Gehilfe hielt mit einem Bootshaken ihr Boot von der Bordwand der „Felitia" ab. Als Nächstes kam eine Strickleiter über die Reling. Einen Augenblick später hing der Fischer in den geflochtenen Sprossen und rief Christoph zu, es ihm gleichzutun. Vorsichtig setzte Christoph den ersten Fuß auf die Leiter. Dann den zweiten. Eine ziemlich wacklige Angelegenheit. Von der Sonne Afrikas gebräunte Arme halfen ihnen an Deck. Lachend begrüßte Pietro einen Mann, der ihm ziemlich ähnlich sah. Sein älterer Bruder Falkone umarmte ihn lange. Er war der Kapitän der „Felitia". Die beiden hatten sich viel zu erzählen. Schließlich hatten sie sich seit Monaten nicht gesehen.

Aber irgendwann wandte sich der Kapitän dann doch Christoph zu, der die ganze Zeit bewundernd zu ihm herübergeschaut hatte. Ob er denn auch zur See fahren möchte, wollte Pietros Bruder von ihm wissen. Christoph nickte, obwohl ihm klar war, dass er höchstwahrscheinlich bis an das Ende seiner Tage in Genua festsitzen würde. Nein, eine andere Welt würde einer wie er wohl nie kennen lernen. Nur die engen Gassen der Stadt, die steilen Berge, die sich im Norden Genuas wie eine unüberwindliche Mauer auftürmten, und den großen, natürlichen Hafen.

Aber davon träumen, eines fernen Tages als Kapitän über das Meer zu segeln, das durfte schließlich auch der Sohn eines Tuchwebers.

Die Stimme des Kapitäns riss ihn aus seinen Träumen. Er wolle doch gleich mal sehen, ob der junge Freund seines Bruders denn das Zeug zum Seemann habe. Falkone nahm ihn bei der Hand, zog ihn auf den Aufbau am Achterdeck, nickte dem Mann an der Pinne zu und sagte ein paar Worte in einer Sprache, die Christoph nicht verstand.

Der Steuermann trat zur Seite und der Kapitän drückte dem verdutzten Jungen das Ruder des Schiffes in die Hand.

Es war Christoph, als ob die gewaltige Kraft des riesigen Dreimasters plötzlich auf ihn überginge. Er „fühlte" das Schiff, spürte die Kraft des Windes in den knarrenden Brassen und Schoten, die die Segel mit dem Schiff verbanden.

Am Bugspriet blähte sich das Sprietsegel, am Fockmast und Großmast die Rahsegel und am Besan hingen die Lateinersegel, die es zusammen mit den Stagsegeln möglich machten, gegen den Wind zu kreuzen.

Er hielt Kurs auf den Leuchtturm. So genau, dass Kapitän Falkone, der sich

Kapitel 3

hinter den Jungen gestellt hatte, um bei einem Fehler sofort eingreifen zu können, anerkennend nickte.

Leise fragte er seinen Bruder, ob er dem Jungen das Segeln beigebracht habe? Nein, entgegnete der, Christoph Columbus sei nur der Sohn eines Wollwebers und Wollweber würde der Junge wohl auch einmal werden.

„Was für ein Jammer", seufzte Falkone: „Sieh nur, wie er das Schiff auf Kurs hält, als ob er dafür geboren wäre. Aber wenn er nun mal der Sohn eines Wollwebers ist, nun, da kann man nichts machen."

Vielleicht war es so, vielleicht auch ganz anders.

Auf jeden Fall segelt C.C., als er 25 Jahre alt ist, zum ersten Mal aus dem Mittelmeer hinaus auf den Atlantik. Der wird auf den damaligen Karten schlicht als „das ozeanische Meer" bezeichnet, weil man keinen anderen Ozean kennt.

Seine erste Seereise sollte nach Lissabon gehen und von da weiter nach England. Doch hinter Gibraltar wird das Schiff plötzlich angegriffen: von Piraten.

Ansicht der Stadt Genua; aus Hartmann Schedel: Weltchronik (Holzschnitt 1493)

Die Stadt Genua war zu C.C.'s Zeiten eine reiche und mächtige Metropole. Ihren Reichtum verdankte die Stadt den jahrhundertealten Handelsverbindungen von Westen nach Osten und dem sicheren Hafen, den schon die Kreuzfahrer schätzten. Das enge Hinterland bot außerdem optimalen Schutz.

**Kapitel 4
Der Kampf mit
den Piraten**

Der Kampf mit den Piraten

Es ist das Jahr 1476. Auf dem Mittelmeer herrscht Krieg. Aber nicht offen. Man jagt sich gegenseitig mit so genannten Kaperflotten.
Die Piraten schauen nach den gegnerischen Flaggen und stürzen sich dann rücksichtslos auf die Beute. Mitunter erwischen sie dabei auch eine Galeasse oder Kogge der Stadt, für die sie eigentlich unterwegs sind und von der sie bezahlt werden. Das macht nichts, solange niemand am Leben bleibt, der von dem „Irrtum" erzählen kann. Dementsprechend grausam schlagen die „Freibeuter" zu.

C.C. ist mit einer kleinen Handelsflotte unterwegs. Zum ersten Mal geht es für ihn hinaus aus dem Mittelmeer. Sie wollen Weinharz von Chios (dort hat er das Jahr 1474 über gelebt) nach Lissabon bringen und dann weiter nach England segeln. Nachdem die kleine Flotte die Straße von Gibraltar hinter sich gelassen hat, nimmt sie Kurs auf die Südspitze Portugals. Da tauchen in der Ferne französische Freibeuter auf.
Die Piraten eröffnen sofort das Feuer, die Genuesen versuchen sich zu verteidigen.
So jedenfalls erzählt man sich die Geschichte in Genua.
C.C.'s Sohn, Fernando, berichtet Jahre später darüber ganz anders. Offenbar hat ihm sein Vater davon erzählt. In seiner Fassung sind die Genuesen die Angreifer. Und die Gegner auch keine französischen Freibeuter, sondern vier Galeeren aus Venedig, die sich an diesem 13. August 1476 heftig und erfolgreich zur Wehr setzen.

„Sie kämpften mit großer Wut und hielten aufeinander zu, bis die Schiffe sich ineinander verkeilten und die Matrosen von

Kapitel 4

Schiff zu Schiff wechselten, einander tötend und verletzend ohne Mitleid, wobei sie nicht nur Handwaffen benutzten, sondern auch Brandsätze und anderes Gerät ...
Dann brach Feuer aus auf dem Schiff des Admirals (also bei C.C., der damals vermutlich einfacher Matrose war).
Da das Schiff an eine venezianische Galeere gefesselt war, sprang das Feuer über und breitete sich so schnell aus, dass es für keinen an Bord mehr eine andere Chance gab, als ins Wasser zu springen, um lieber dort zu sterben als zu verbrennen. Aber der Admiral, der ein guter Schwimmer war, griff sich ein Ruder, das ihm das Schicksal zuspielte und auf dem er sich ausruhte.
Und Gott, der noch größere Sachen mit ihm vorhatte (!!!), gefiel es, ihm die Kraft zu geben, die Küste zu erreichen."

Fischer in der Nähe des Hafens Lagos ziehen den Halbtoten – so erzählt Fernando – dann an Land. Er besitzt nichts mehr außer den zerrissenen Kleidern, die er anhat.

Schöne Geschichte – für die es keine Zeugen gibt und die C.C. vermutlich erfunden hat, weil er sich schon in

C.C. kann sich retten.

seiner Jugend zum Helden machen wollte.
Wahrscheinlicher ist, dass er 1476 zusammen mit seinem Bruder Bartolomeo ganz ohne große Abenteuer nach Portugal auswandert, in der Hoffnung, dort sein Glück zu machen.
Aber dass die beiden Brüder nichts mehr besitzen, als sie im Hafen von Lagos ankommen, könnte sogar stimmen.

Warum ausgerechnet in Lagos?
Von hier starten die Expeditionsschiffe Heinrich des Seefahrers, um die Küsten Afrikas zu erkunden. Man sucht einen Seeweg nach Indien, der nicht von den Arabern kontrolliert wird. Hier treffen sich die Kapitäne und ihre Mannschaften und erzählen von geheimnisvollen Küsten und seltsamen Funden.

Kapitel 4

Aber die wirklich wichtigen Informationen laufen anderswo zusammen. Dort, wo sich die besten Kartografen und Seefahrer der Welt versammelt haben, auf deren Karten im Westen des Ozeans Land eingezeichnet ist: in Lissabon, dem Zentrum der Astronomen und Geografen, dem „Cape Canaveral" seiner Zeit!

Genau dahin reisen die beiden Brüder. Dort erlernen sie das Handwerk der Kartenzeichner und eröffnen ein kleines Geschäft. Doch C.C. hat einen anderen Traum. Er will auf dem Westweg das geheimnisvolle Indien erreichen. Etwas, was noch niemandem gelungen ist. Der Plan scheint aussichtslos. Bis C.C. eines Tages im Hafen von Lissabon einem betrunkenen Steuermann begegnet. Dieser erzählt ihm von einem gewaltigen Sturm, der sein Schiff weit nach Westen wehte.
Ein Unglück, das zum Glück für C.C. werden sollte.

Kapitel 5
Der betrunkene Steuermann

Der betrunkene Steuermann

Fast zwei Stunden war er gelaufen, aber das hatte sich gelohnt. Wenigstens am Tag des Herrn wollte Columbus nicht in der engen Straße der Kartenzeichner hocken und mit ihnen darüber streiten, welche schaurigen Meeresungeheuer auf die Seekarten gezeichnet werden könnten.
Auch die großen Kirchen Lissabons lockten ihn nicht. Zu lange dauerten die heiligen Messen und bei den meisten Besuchern konnte man glauben, dass sie den Gottesdienst nicht zum Ruhme des Herrn besuchten, sondern um sich in Samt und Seide dem Volk zu präsentieren.
Da war hier, am Rande des kleinen Hafens Restello im Vorort Belem, schon eher sein Platz.
Kein Geringerer als Heinrich der Seefahrer hatte die Kapelle des Ortes errichten lassen.
Außerdem gab es eine günstige Unterkunft für Seeleute. Zu diesen rauen Gesellen, die Geschichten von fernen Ufern zu erzählen wussten, fühlte Columbus sich hingezogen. Außerdem liebte er die Predigten des Bruder Philipp, der die Schrecken der „ewigen Verdammnis" von der Hölle aufs offene Meer verlegt hatte und dessen teuflische Visionen selbst hart gesottenen Seemännern kalte Schauer über den Rücken jagen konnten.
Bruder Philipp hatte mit seiner Predigt schon begonnen, als Columbus sich durch die Kirchentür hineinschob. Das trug ihm zunächst einen strafenden Blick des Predigers ein. Aber als der erkannte, dass es dieser Columbus war, der ihm schon oft nach getaner Arbeit einen Becher Wein spendiert hatte, glätteten sich die Runzeln auf seiner Stirn. Er lächelte ihm sogar zu, während er gerade von den Schrecken des Weltuntergangs erzählte.

Der schwere Duft des Weihrauchs hing noch in ihren Mänteln, als sich Columbus und der Prediger um die Mittagszeit vor dem kleinen Gasthaus am Hafen niederließen. Die Sonne wärmte sie, obgleich der Herbst schon ins

Land gekommen war und mit ihm die Stürme, die die Fischer des Ortes in ihren kleinen, ungedeckten Booten so sehr fürchteten.

Heute aber regte sich kein Lüftchen. Die tiefe Herbstsonne spiegelte sich in den glänzend gebrannten Keramikbechern, mit denen sich der Kartenzeichner und der Prediger zuprosteten.

Doch die Ruhe währte nur kurz. Drei Seeleute schwankten am Fluss entlang und stolperten zwischen Reusen, Körben, Schnüren mit getrocknetem Fisch und den Festmacherleinen der Schiffe auf sie zu.

Columbus erkannte einen von ihnen, noch ehe dieser gegen den massiven Eichentisch krachte, sodass der Weinkrug zu schwanken begann. Es war der Steuermann der „Santa Clara".

„Dich kenne ich doch", grölte der Hüne mit den riesigen Händen. „Du bist doch dieser Halsabschneider von Kartenzeichner, der mir die Seekarte von Afrikas Westküste aufgeschwätzt hat, stimmt's?"

Columbus schwante nichts Gutes, zumal die Zechkumpane des Steuermanns recht finster dreinschauten und ziemlich lange Messer im Gürtel stecken hatten. Er erinnerte sich genau. Es mochte fast ein Jahr zurückliegen, dass er dem Mann eine Karte verkauft hatte, die den Küstenverlauf Afrikas bis zur Höhe der Kanarischen Inseln zeigte. Auch die Meeresströmungen und die Hauptrichtungen der Winde hatte er mit feinen Linien auf der Karte markiert. Sollte ihm ein Irrtum unterlaufen sein? Unmöglich, dieser Seeweg war schon oft befahren worden. Und die Daten waren dank Heinrich dem Seefahrer bekannt und galten als zuverlässig.

Der hünenhafte Seebär hieß Don Jaime, wie sich Columbus plötzlich wieder erinnerte. Er grinste breit: „Eine gute Karte war das, Herr Columbus, wirklich gut, kein Inselchen hat gefehlt und jeder Berg der Küste war genau verzeichnet."

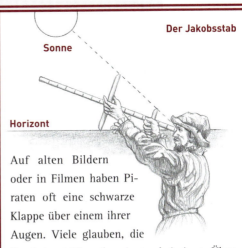

Der Jakobsstab

Auf alten Bildern oder in Filmen haben Piraten oft eine schwarze Klappe über einem ihrer Augen. Viele glauben, die Seeräuber hätten ihre Augen bei einem Überfall verloren. Doch das stimmt in den meisten Fällen nicht. Verantwortlich dafür war der „Jakobsstab". Mit diesem Messinstrument peilten die Seeräuber und andere Navigatoren die Sonne ohne einen Filter an, um herauszubekommen, in welchem Winkel sie am Mittag über dem Horizont steht. Dann mussten sie ihre Messung mit Tabellen vergleichen. In solche Tabellen hatten die Astronomen für jeden Tag den Höhenwinkel der Sonne über einem bestimmten Ort, beispielsweise über der spanischen Stadt Sevilla, eingetragen. Damit konnten die Seeleute ihren Aufenthaltsort herausfinden.

Das Einzige, was die Seefahrer damals nicht wussten, war, dass sie durch die hohe Blendwirkung der Sonne das Augenlicht verlieren konnten.

Kapitel 5

Er drückte seinen gewaltigen Körper neben dem Kartenzeichner auf die Holzbank. Auch seine Mannschaft drängelte sich um den Tisch und der Wirt brachte ungefragt Wein und Becher.

„Also Eure Karte war genau und gut – für den Sturm könnt ihr schließlich nichts", grölte der Steuermann. „Aber das war die Hölle. Kurz nach Ostern, wir wollten gerade Las Palmas anlaufen, als dieser Wind uns packte und unser Schiff nach Westen jagte, obgleich wir nur ein Sturmsegel am Mast hatten. Der Wind trieb uns vor sich her. Drei Tage, immer Richtung Westen, dem Rand der Welt entgegen, oder, wie manch ein Verrückter glaubt, geradewegs nach Indien!"

Columbus hörte gespannt zu, aber Don Jaime machte erst einmal eine Pause und schlürfte am Wein. Dann fuhr er mit schwerer Zunge fort: „Nach drei Tagen flaute der Sturm ab. Zwei unserer Masten waren zerbrochen.
Die Männer arbeiteten wie wild an den Lenzpumpen. Es dauerte unendlich lange, bis der Schiffszimmermann die leckenden Stellen mit Pech verschlossen hatte. Unser Kapitän versuchte mit dem Jakobsstab herauszufinden, wohin es uns verschlagen hatte. Um uns war nur Wasser und der Wind blies weiter aus Osten. Mit den gebrochenen Masten war es schier unmöglich, zu den Kanaren zurückzukreuzen!"

> Ein gewisser Luís Coin Cuenca, Offizier der spanischen Handelsmarine und Professor der Seefahrtsgeschichte, ist 1989, nach langen Forschungen, zu dem Schluss gekommen, dass C.C. eine geheime Karte des unbekannten Kontinents (Amerika) besessen haben muss. Das allerdings würde bedeuten: Schon vor C.C. ist jemand dort gewesen. Erstaunlich ist auf jeden Fall, wie zielsicher C.C. später in dieser fremden Welt unterwegs war.

Er schaute zu Bruder Philipp hinüber: „Ihr hättet eure Freude an unserer plötzlichen Frömmigkeit gehabt, Vater. Fast wurde mehr gebetet als geflucht. Dann ließ unser Kapitän nach Norden segeln. Und das Wunder geschah. Nach drei Tagen, wir hatten schon fast kein Süßwasser mehr, sprang der Wind um und schob uns nun, direkt von achtern kommend, fast bis in den Heimathafen."

Columbus hatte begonnen mit dem Finger eine grobe Karte in die Weinpfütze zu zeichnen. Wenn das kein Seemannsgarn war, was dieser besoffene Steuermann gerade erzählte, dann führte eine Passage von den Kanaren nach Westen. Und im Norden brachte der Wind die Schiffe wieder zurück.
Sollte man am Ende doch, nach Westen segelnd, Indien erreichen können? Wenn das so war, dann war diese Information ein Vermögen wert. Ach was, mehr als das, ein ganzes Königreich. Lächelnd erhob er sein Glas und beschloss niemandem etwas von dem zu verraten, was er gerade gehört hatte.

Kapitel 6
Die Erde ist eine Scheibe

Die Erde ist eine Scheibe oder Wie man sich zur Zeit des Columbus die Welt vorstellte

Natürlich ist die Erde eine Kugel, das weiß heutzutage jeder. Aber woher wissen wir das so genau?
Ist doch klar, so was lernt man in der Schule. Außerdem gibt es erstklassige Fotos und Filme von Satelliten oder Raumstationen. Und jeder weiß, wie ein Globus aussieht.
Wenn wir aber verreisen oder einfach nur in der Gegend herumlaufen, denken wir dann wirklich daran, dass wir uns auf der Oberfläche einer ziemlich dicken Kugel bewegen?
So richtig bewusst ist uns das eigentlich nicht, obwohl wir es doch ganz genau wissen.

„Alles dreht sich um die Erde, denn die ist der Mittelpunkt des Universums." Das stand für die meisten Menschen im Mittelalter, bis auf wenige Ausnahmen, unumstößlich fest.

Und wir? Wenn wir irgendwo sind, haben wir doch auch das Gefühl, in der Mitte aller Wesen und Dinge zu sein. Wir nehmen das Gefühl der Mitte mit, wohin wir auch gehen.
Man hat uns gesagt, dass die Erde mit wahnsinniger Geschwindigkeit um die Sonne rast und sich dabei auch noch in 24 Stunden einmal um sich selbst dreht. Aber fühlen wir das denn? Empfinden wir, dass unser Planet mit unglaublicher Kraft um die Sonne geschleudert wird? Zum Glück nicht.

Die meisten Menschen des ausgehenden Mittelalters interessieren sich mehr für ein Dach über dem Kopf und einen vollen Bauch als für Forschung und Lehre. Sonst würden die meisten

Kapitel 6

von ihnen an Hunger sterben. Es gibt zwar schon Schulen, vor allem in den Städten, aber die kosten Geld, und das ist bei den meisten Familien sehr knapp.

Versuchen wir uns einfach mal 500 Jahre zurückzuversetzen. Nicht als Adlige. Auch nicht als Tochter oder Sohn eines steinreichen Kaufmanns mit Privatlehrer. Oder als Novize in einem großen Kloster, sondern ganz schlicht als Sohn eines Bauern. Der hat während seines ganzen Lebens noch nie ein Buch in der Hand gehabt, obwohl seit der Mitte des 15. Jahrhunderts die Kunst des Buchdrucks erfunden ist.

Ein Buch würde ihm auch nicht viel nutzen, denn lesen hat er nie gelernt. Und schon gar nicht Latein, damals die Sprache der Gebildeten. Er kann sogar nur den Dialekt seines Heimatortes verstehen, 50 Kilometer weiter reden die Leute schon wieder ganz anders. Weil das so ist, wird der Sohn des Bauern auch nie herumreisen.

Weltkarte aus dem 11. Jahrhundert (geostet)

Dumm ist er nicht, aber keiner hat ihm je irgendetwas beigebracht, außer den Dingen, die man zum Überleben braucht. Er kann den Acker bestellen, ernten, dreschen, Käse machen, räuchern, kochen, spinnen und weben. Fromm ist er auch, aber die Predigt versteht er nicht, denn die wird in Latein gehalten.

Kein Wunder, dass er sich die Welt so vorstellt, wie die meisten Leute seiner Zeit sie gesehen haben: als Scheibe mit einem Ort in der Mitte – möglichst weit weg vom Rand, damit man nicht herunterfällt.

Und sieht der Himmel in sternenklaren Nächten nicht aus wie eine gläserne Käseglocke, an der die Sterne befestigt sind und über die bei Tag die Sonne rollt?

Wirkliches Wissen ist zu jener Zeit nur wenigen vorbehalten. Und sicherlich sind viele von denen, die es besitzen, überhaupt nicht versessen darauf, das zu ändern. Denn kluge Untertanen könnten ja vielleicht darüber nachdenken, ob die Anordnungen der Obrigkeit Sinn machen. Sie könnten gegen Steuern und Gesetze murren und am Ende auch noch die Lehren der Kirche in Zweifel ziehen. Besser also, sie bleiben unwissend und bekommen viele Kinder. Die braucht man zur Landarbeit und natürlich auch für den Krieg.

Aus der Zeit des Mittelalters hat sich eine ganze Menge Aberglaube bis in die Zeit von C.C. gerettet.
Und die Seeleute behaupten schon seit Jahrhunderten, in der Meerenge von Gibraltar, da wo Europa und Afrika zusammentreffen, stehe ein gewaltiger Riese mit ausgebreiteten Armen, den Rücken zum Ozean, als Zeichen dafür, dass sich dahinter der Weltenabgrund oder noch Schlimmeres befinde.
Nur sehr wenige glauben in dieser Zeit nicht an Seeungeheuer und den Rand der Welt. Doch ihre wagemutigen Ideen beginnen sich erst ganz langsam in diesem Jahrhundert durchzusetzen. Europa steht an der Schwelle zur Neuzeit.

Ein Riesenwal überfällt ein bewaffnetes Kriegsschiff (Holzschnitt, 1598)

Heinrich der Seefahrer schickt von Portugal aus immer wieder Schiffe los, die an Afrikas Westküste entlang gegen Süden fahren. Einer seiner Kapitäne, Bartoloměu Diaz, erreicht mit seiner Mannschaft 1488 das Kap der Guten Hoffnung. Das ist ein wichtiger Schritt bei der Suche nach dem Seeweg in das geheimnisumwobene Land Indien.

Gegen Ende des Jahrhunderts beginnt sich ein gewisser Nikolaus Kopernikus Gedanken darüber zu machen, ob nicht doch die Sonne in die Mitte unseres Weltbildes zu stellen sei. Es dauert aber noch gut 50 Jahre, bis seine Idee die Welt der Astronomie völlig auf den Kopf stellen wird.
Und während in den Köpfen der meisten Menschen die Erde noch immer eine Scheibe ist, fertigt Martin Behaim in seiner Heimatstadt Nürnberg den ersten Globus an. Einen runden Erdball, auf dem die Kontinente und Meere so eingezeichnet sind, wie man es sich zu seiner Zeit vorstellt.

Kapitel 6

Natürlich können wir das heute, im Zeitalter der Satelliten und Raumsonden, viel genauer. Doch Behaim ist und bleibt der Erste, der dem Gedanken, dass die Erde eine Kugel ist, eine äußere Form gibt.
Dieser Globus existiert übrigens heute noch. Er steht in Nürnberg im Germanischen Nationalmuseum.

Aber noch hat Behaim seinen Globus nicht fertig gestellt. Es ist das Jahr 1477. C.C. bereitet sich auf eine lange Reise vor. Zum ersten Mal nach seiner Ankunft in Lissabon will er auf große Fahrt gehen. Mitten im Winter! Nach Norden!
Irland und Island heißen die Ziele. Dort warten zwei Riesenüberraschungen auf ihn – und auf uns – im nächsten Kapitel.

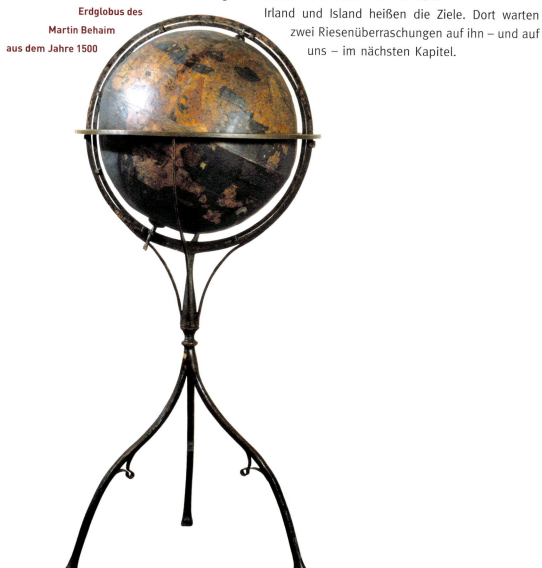

Erdglobus des Martin Behaim aus dem Jahre 1500

**Kapitel 7
Die Legende
von Brendan**

Die Legende von Brendan

Das ist schon eine verrückte Geschichte, die C.C. erzählt wird, als er in Irland im Januar an Land geht. Hauptdarsteller ist der Mönch und Abenteurer Brendan, geboren 489 im County Kerry. Er segelt als Abt nach Wales und Schottland, vermutlich um neue Klöster zu gründen, und stirbt mit fast 90 Jahren im irischen Clonfert.

Das weiß man heute wirklich über ihn. Der Rest ist Legende – mündlich weitererzählt von Generation zu Generation. Aber die hat es in sich:

Als Brendan 70 ist – so erzählt man es sich in den irischen Häfen –, besucht ihn ein Mann und berichtet aufgeregt, er hätte jenseits des Meeres, weit im Westen, Land entdeckt, gutes Land.
Von da an hat Brendan nur noch einen Gedanken: Könnte das nicht das in der Bibel verheißene „gelobte" Land sein?
Wie Jesus bei seiner Versuchung – so geht die Geschichte weiter – klettert Brendan auf einen Berg und bleibt 40 Tage dort. Als er wieder herunterkommt, ruft er seine Mönche zusammen und verkündet ihnen: Er, Brendan, will dieses „gute" Land sehen, bevor er stirbt.
Sie bauen ein Boot aus Eschenholz, bespannt mit Ochsenhäuten, und schmieren so viel Fett wie nur irgend möglich auf die Außenhaut. Dazu kommt ein selbst gewebtes, quadratisches Segel an einen einzelnen Mast.

Brendan auf seiner Fahrt ins Ungewisse

Und los geht's von Abenteuer zu Abenteuer: Auf der ersten Insel sehen sie ein Haus und einen Hund, aber keinen Menschen.

Kapitel 7

Auf der zweiten weiden Schafe „groß wie Ochsen".

Auf der dritten ist gar nichts, aber als sie aussteigen, bewegt sich die Insel plötzlich. Sie haben Mühe, sich wieder ins Boot zu retten.

Die vierte Insel bevölkern unzählige Seevögel, aber deren Geschrei ist nicht auszuhalten.

Dann sehen sie plötzlich einen riesigen weißen, schwimmenden Kristall. Als sie näher heranfahren, bemerken sie, dass er unter Wasser weitergeht.

Noch aufregender ist die nächste Insel. Rau und felsig ist sie und überall brennen gewaltige Feuer. Das Meer ringsum kocht und dampft und ein übler Geruch breitet sich aus. Die Mönche glauben, sie wären am Tor der Hölle.

Viele, viele Tage später erreichen sie nach Durchqueren riesiger Nebelbänke tatsächlich das Paradies. Ein Land, dicht mit Bäumen bewachsen, an denen köstliche Früchte hängen. Und in dem es nie Nacht wird, zumindest nicht solange Brendan und seine Mönche dort sind.

Die mögliche Route des Brendan

Irgendwann unternehmen sie eine Expedition ins Landesinnere, aber sie kommen nicht weit. Denn bald stehen sie vor einem unüberquerbaren Fluss.

Und so geht die Legende weiter: Während sie überlegen, was zu tun sei, taucht plötzlich ein junger, schöner Mann (vielleicht so eine Art Engel) auf und sagt zu Brendan: „Dies ist das Land, nach dem du gesucht hast. Kehre nun zu der Stätte deiner Geburt zurück, denn dein Leben nähert sich dem Ende. In vielen Jahren wird Gott dieses Land jenen schenken, die nach dir kommen."

Und dann folgt ein Satz, bei dem C.C. vielleicht die Ohren klingen: „Wenn der Allmächtige alle Nationen unter seine Herrschaft gebracht haben wird, dann wird er seinen Erwählten bekannt geben!" Von diesem Tag an hält sich C.C. vermutlich für den „Erwählten"!

Kapitel 7

Zeitsprung, harter Schnitt:

1976 reiste der Engländer Tim Severin mit genau so einem Ochsenhautboot auf den Spuren des heiligen Brendan ... und erreichte – von guten Winden vorangetrieben – tatsächlich AMERIKA!

Dabei findet er Erklärungen für fast jedes Phänomen, dem Brendan und seine Crew begegnet sind:

Insel eins und zwei sind Irland vorgelagert und damals wahrscheinlich schon bewohnt gewesen. Insel drei könnte schlicht und einfach ein Wal gewesen sein, der mit Brendans Nussschale ein bisschen spielen wollte. Die Welt der schreienden Vögel sind die Faröer-Inseln. Die Feuerberge sind die Vulkane auf Island. Die Kristallsäule ist ein Eisberg. Und hinter der Nebelküste liegt Neufundland, eine der nördlichsten Gegenden des amerikanischen Kontinents, in der – wie wir heute wissen – im Sommer die Sonne nicht untergeht.

> Fünf Jahre nach C.C., also im Jahr 1497, startete John Cabot viel weiter nördlich, nämlich von der englischen Hafenstadt Bristol, in Richtung Westen. Er landete wie der heilige Brendan auf dem nordamerikanischen Kontinent. Vermutlich ist John Cabot im heutigen Neufundland zuerst an Land gegangen.

Natürlich ist das kein Beweis, dass Brendan der Erste war, der amerikanisches Festland betreten hat – aber er könnte es gewesen sein.

Andere waren etwa 500 Jahre später höchstwahrscheinlich wirklich dort: Erik der Rote, sein Sohn Leif und ihre Mannschaft; Männer mit Bärten und Streitäxten – die Wikinger!

Davon erfährt C.C. in Island, der nächsten Station seiner Nordmeerreise. Sofern er wirklich auf Island gewesen ist, denn auch darüber streiten sich die Gelehrten. Es gibt aber eine Notiz (nachträglich von seinem Sohn Fernando aufgeschrieben), in der er berichtet: „Im Monat Februar segelte ich bis jenseits der Insel Thule ..."

Und einige seiner Angaben zu diesem Thule weisen sehr deutlich auf Island hin. Höchstwahrscheinlich ist C.C. tatsächlich auf Island gewesen, denn warum sollte er in diesem Fall lügen.

Nehmen wir mal an, C.C. war im Winter 1477 wirklich dort, dann hat er mit Sicherheit folgende Geschichte gehört: Sie beginnt im Jahre 982 und die Helden darin heißen: Erik der Rote, ein Säufer, Gewalttäter und Totschläger. Und sein Sohn Leif Eriksson.

Kapitel 8
Wie Leif Eriksson das „Weinland" entdeckte

Wie Leif Eriksson das „Weinland" entdeckte

„Dein Vater, der ‚rote Erik' hat uns nach seiner Verbannung in dieses wunderschöne grüne Land (Grön-land!) gebracht und es lebt sich gut hier. Warum also willst du weiter, Leif Eriksson? Was treibt dich?", fragte der alte Wikinger, der auf den Namen Bjarnis hörte und seine besten Jahre schon hinter sich hatte.
„Aber du kannst von mir aus mein Schiff haben. Wenn wir uns über den Preis einig werden. Du machst ja sowieso, was du willst, weil du genau so ein Sturkopf bist wie dein Vater!"

Ja, was trieb diesen gerade mal 23 Jahre alten Wikinger dazu, immer wieder im offenen Boot auf das eisige Meer hinauszufahren, dem Sturm zu trotzen und mehr als einmal dem Tod ins Gesicht zu schauen?
Er war verwachsen mit der See, mit diesen stolzen Schiffen unter den Segeln der Nordmänner. Schon als Kind hatten ihn die Wellen in den Schlaf gewiegt und der Wind des Nordens hatte ihm sein raues Schlaflied gesungen. Die Tage und Nächte, die er auf der Ruderbank verbrachte, hatten seinen Körper gestählt. Er strotzte vor Kraft und sehnte sich nach neuen Abenteuern, koste es, was es wolle.
Aber das sagte Leif dem alten Bjarnis nicht. Stattdessen meinte er nur:
„35 Mann, ein gutes Schiff und den Segen der Götter – mehr brauche ich nicht."
Es dauerte kaum einen Monat und er hatte, was er wollte. Bjarnis, der alte Fuchs, hatte ihm sein Schiff verkauft. Viel zu teuer, wie Leif fand, aber sei es drum.
Die 35 Männer, die mit auf die Reise gehen wollten, waren leicht zu finden gewesen. Er hätte auch 100 haben können. Die Burschen hatten sich um die Ehre, mit ihm fahren zu dürfen, geprügelt. Man konnte froh sein, dass es bei den Handgreiflichkeiten keine Toten gegeben hatte. Sonst hätte der „oberste

Rat" wahrscheinlich einige der Seeleute in die Verbannung geschickt. Seinem Vater war es so ergangen. Erik der Rote hatte mit seinem wilden Temperament so viele Schreckenstaten verübt, dass es selbst den hart gesottenen Wikingern zu viel wurde. Sie hatten ihn kurzerhand aufgefordert für einige Jahre zu verschwinden.

Damals war Leif zusammen mit seinem Vater von einer Insel zur anderen gesegelt und am Ende in Grönland angekommen. Vieles gab es hier im Überfluss: Fische, Robben, Wale, Walrosse und Weideland. Sie handelten mit dem, was sie jagten und herstellten. Aber ihre Kunden saßen in Europa, viele gefährliche Seemeilen entfernt.

Jetzt führte Leif das Kommando. Die Männer respektierten ihn. Sie stemmten sich in die Riemen, um das Schiff aus dem grönländischen Fjord zu rudern, der ihnen als Hafen diente.

Leif brachte die Sonnentafel in die Waagrechte und korrigierte den Kurs mit dem Steuerruder.

Schon einige Jahre zuvor hatte ein Wikinger, der aus Island stammende Bjarni Herjolfsson, auf dem Kurs, den er jetzt einschlug, im Westen Land gesichtet. Er hatte erzählt, dass sie einige Tage der Küste gefolgt seien. Also musste es sich wohl um eine ziemlich große Insel handeln.

Er, Leif, würde dieses Land nicht nur finden. Er würde es auch betreten.

Die Tage vergingen. Das Süßwasser wurde knapp und von dem Land, dass Bjarni entdeckt haben wollte, war immer noch nichts zu sehen.

Aber Leif zweifelte nicht an den Worten des Isländers. Er überprüfte den Kurs, indem er den Sonnenwinkel ermittelte. Heute war das gar nicht so einfach, die Sonne versteckte sich hinter den Wolken. Leif musste den wert-

Sonnenmessung

Ähnlich einer Sonnenuhr zeigen die Sonnentafel und das Sonnenschattenbrett durch die Länge des Schattens eines Stabes die Höhe der Sonne über der Waagrechten an. Die Schattenlänge wird für das ganze Jahr für einen bestimmten Ort auf der Tafel markiert. Mit diesem einfachen Instrument kann man dann auf hoher See erkennen, ob man nördlich oder südlich von diesem Ort ist. Befindet man sich südlich davon, ist der Schatten kürzer als die Markierung auf der Tafel. Hält man sich weiter nördlich auf, ist der Schatten, da die Sonne im Norden tiefer steht, länger.

Doch gerade im Norden wird die Sonne häufig von Wolken verdeckt. Wenn man die Sonne aber nicht sehen kann, ist es nicht unbedingt einfach, ihren Stand zu messen. Die Wikinger haben daher auf der Sonnentafel einen Kristall angebracht, der aufleuchtet, wenn man ihn gegen die Sonne hält. So konnten sie die Sonne lokalisieren, ohne sie zu sehen.

Sonnentafel

Sonnenschattenbrett

vollen Kristall der Sonnentafel, der schon seinem Vater den Weg nach Grönland gezeigt hatte, aus dem Futteral holen.

Langsam streckte er den Arm aus und hielt den Kristall in die Richtung, in der er die Sonne vermutete. Plötzlich leuchtete er blau auf. Leif korrigierte den Kurs leicht nach Süden.

Die Nacht war eisig. Die Wolken verschwanden. Der Wind blähte das Rahsegel. Das Meer schien zu leuchten. Fast lautlos glitt das Schiff dahin.

Leif beobachtete den Nordstern. Seit hunderten von Jahren hatte der seinem Volk bei Nacht den Weg über Meer und Land gewiesen. Er würde auch ihn sein Ziel finden lassen. Bei den Göttern, das würde er!

Die mögliche Route des Leif Eriksson, um 1000–1001

Am nächsten Morgen entdeckten sie Land. Die Küste war steinig, schroff und abweisend, sie nannten sie Helluland, das heißt Steinland. (Heute heißt diese Insel Baffinland und gehört zu Kanada.)

Zunächst verlief alles gut. In den Fjord, in den sie eingefahren waren, mündete eine Quelle. Als Erstes füllten sie die Tierhäute mit Frischwasser. Wikinger waren erfahrene Kämpfer. Sie wussten genau, dass sie sich so schnell wie möglich mit dem Nötigsten versorgen mussten. Dann konnten sie sich bei Gefahr ohne Probleme zurückziehen.

Leif wählte fünf seiner Leute für die Jagd aus. Sicher gab es auch hier Robben, Walrosse oder Wildenten. Vielleicht sogar einen Bären.

Bögen und Speere wurden aus ledernen Beuteln und hölzernen Kisten herausgeholt, in denen sie während der Reise verstaut gewesen waren.

35 Mann drängten sich auf dem offenen Deck, wühlten in ihren Habseligkeiten nach Kochgeschirr, Feuerstein, Messern und dem einen oder anderen trocken gebliebenen Kleidungsstück.

Plötzlich durchschnitt ein Sirren die Luft. Vom aufragenden Steilrand des Fjords flog ein Pfeil heran und bohrte sich zielsicher in den Mast des Wikinger-Bootes. Die Botschaft war eindeutig: „Verschwindet, dies ist unser Land!" Machte es Sinn zu kämpfen? Nicht in diesem Moment! Keiner konnte wissen, wie viele Gegner sich auf den Felsen rings um den Fjord verborgen hielten. Und gelänge es den unsichtbaren Gegnern, die Einfahrt mit Booten zu blockieren, säßen die Wikinger in der Falle. Also nichts wie weg!

Aber sie würden wiederkommen, eines nicht zu fernen Tages! Mit mehr Booten und mehr Kriegern, dann würden sie den Menschen dort zeigen, wer die wahren Herren des Nordens waren!

Jetzt fuhren sie erst einmal weiter: Kurs West, die Küste immer am Horizont. Jeden Tag wurde es wärmer und die Tage wurden länger. Die Sonnentafel zeigte, dass die Sonne höher und höher im Mittag stand.

An einer grünen Küste mit weißen Stränden landeten sie ... und betraten zum ersten Mal amerikanisches Festland.

Nur als Entdecker fühlte sich keiner von ihnen. Denn hier gab es schon Menschen. Sie lauerten irgendwo. Das fühlten die Wikinger. Und sie ahnten schon jetzt, dass es viel Blut kosten würde, dieses Land in Besitz zu nehmen. Aber Leif Eriksson wollte bleiben, egal, wie hoch der Preis sein würde, den er und seine Mannschaft zahlen mussten. Es war so anders hier als im hohen Norden. Das Gras sah aus, als würde es immer grün bleiben. Wilder Wein rankte sich, wo immer er Halt fand, dem strahlenden Licht der Sonne entgegen.

„Hier werden wir für immer leben", verkündete Leif und schaute in die leuchtenden Augen seiner Männer.

Er sollte sich irren.

Irgendwann verließen die Wikinger die Küsten Amerikas und Kanadas wieder, verschwanden fast spurlos. Keiner weiß ganz genau, warum. Vermutlich haben die „Indianer" sie vertrieben.

Aber die hießen damals natürlich noch nicht „Indianer", da musste erst C.C. kommen.

Jahrhundertelang hielt man die Geschichte der „Wikinger in Amerika" für eine Sage. Bis 1960 der Norweger Helge Instand mit seiner Frau, einer Archäologin, in der „Sacred Bay" in Neufundland Spuren einer frühen Besiedlung entdeckte. Sieben Jahre buddelten und buddelten die beiden und legten schließlich die Überreste eines Wikingerdorfes frei.

Erkundungsschiff der Wikinger

Kapitel 8

Nägel aus Eisen, Bronzeteile und nicht zuletzt ein Spinnrad sprechen eine eindeutige Sprache. Hier hatten Menschen aus Europa gelebt. Die Ureinwohner Neufundlands haben so etwas mit Sicherheit nicht gekannt.

Und die Holzkohle, die man in der alten Schmiede gefunden hat, wurde von Wissenschaftlern auf die Zeit zwischen 860 und 1000 unserer Zeitrechnung datiert.

Im Klartext: Wenn Brendan nicht der Erste war, der das amerikanische Festland betreten hat, dann war es Leif Eriksson oder einer seiner Kampfgefährten.

Und damit zurück zu C.C., der – inzwischen etwa 30 Jahre alt – ganz überraschend eine gewisse Doña Felipa Moniz Perestrello heiratet. Eine Frau, die keiner mehr haben will. Sie ist mit ihren 25 Jahren in der damaligen Zeit für eine Heirat viel zu alt. Außerdem stammt sie aus verarmtem Adel.

Aber für C.C. ist sie genau die richtige. Mit ihr zieht er in den Süden und entdeckt, dass der betrunkene Steuermann in der Hafenkneipe nicht gelogen hat ...

Die Ersten kamen zu Fuß

Vor ungefähr 20.000 Jahren lagen große Teile Europas und Asiens unter einem dicken Panzer aus Eis. Man nennt das die Eiszeit.

Heute fließt das Regenwasser durch die Flüsse wieder ins Meer zurück. Während einer Eiszeit aber fließt das Wasser nicht mehr ins Meer, sondern Regen oder Schnee gefrieren zu einer immer dickeren Eisfläche. Der Meeresspiegel, also der Wasserstand der Ozeane, sinkt.

Weit im Norden grenzt die gewaltige Landmasse, die wir Sibirien nennen, an den Pazifischen Ozean. An dieser Stelle ist das Meer nur 60 bis 70 km breit. Dahinter liegt das Land, das heute Alaska heißt und zu Amerika gehört. Die Meerenge nennt man Beringstraße. Dort ist das Wasser auch heute nicht besonders tief. Während der Eiszeit war der Meeresspiegel abgesunken und das restliche Wasser gefroren. So konnten die Menschen vor 20.000 Jahren einfach zu Fuß über die Beringstraße in ihre neue Heimat gehen. Es waren Jäger aus Sibirien, die dieses Abenteuer wagten. Vom hohen Norden aus besiedelten sie den ganzen amerikanischen Kontinent.

Als C.C. mit seiner Flotte viele Jahrtausende später die „Neue Welt" erreichte, lebten dort nach der Schätzung von Wissenschaftlern ungefähr 90 Millionen Menschen. Die „Indianer" hatten natürlich längst vergessen, dass sie ursprünglich aus Sibirien gekommen waren. Das Eis der Eiszeit war geschmolzen und das Wasser wieder ins Meer gelaufen. Die Beringstraße war nicht mehr zu Fuß begehbar. Und einfach mit dem Kanu – bei Eiseskälte zwischen Eisbergen hindurch bis nach Sibirien – zu paddeln, dazu hatten die Menschen wohl keine Lust.

**Kapitel 9
Die Nase im Wind**

Die Nase im Wind oder
Der richtige Mann zur richtigen Zeit am richtigen Ort

Nein, aus Liebe heiratet C.C. Doña Felipa höchstwahrscheinlich nicht. Aber sie ist das Beste, was ihm passieren kann. Genauer genommen: ihr Vater.
Der ist Sohn italienischer Einwanderer und bei verschiedenen Expeditionen des berühmten Heinrich des Seefahrers dabei gewesen. Aus dieser Zeit hat er viele Karten und Notizen. Jetzt ist er Gouverneur von Porto Santo, einer kleinen Insel bei Madeira. Dorthin zieht C.C. mit seiner Gattin und dort wird auch 1480 sein erster Sohn Diego geboren.
Aber das Wichtigste auf Santo Porto ist der Wind. Jeden Morgen, wenn C.C. vor seine Haustür tritt, kann er ihn spüren. Und oft (vor allem im Spätsommer und Herbst) bläst der Wind auf den Ozean hinaus, denn die Insel liegt gerade noch innerhalb der Passatwindzone und ist nicht durch die Berge geschützt wie das benachbarte Madeira.

Wenn C.C.'s Sohn Diego auf die Idee käme, an der Westspitze der Insel ein hölzernes Spielzeugboot mit großen Segeln ins Wasser zu setzen, würde es bis in die Karibik getrieben werden. Aber das kann Diego ja nicht ahnen.
Täglich prüft C.C. Richtung und Stärke des Windes und trägt die Messungen in sein Tagebuch ein. Der Wind weht hier tatsächlich fast immer in Richtung West! Und wenn es stimmt, was der betrunkene Steuermann erzählt hat, wird er das auch weit draußen auf dem Ozean tun. Der Hinweg auf der West-Route wäre gesichert. Aber wie kommen die Schiffe dann wieder zurück?
Zu diesem Zeitpunkt weiß C.C. noch nicht, dass sich seit tausenden von Jahren Strömung und Wind im Atlantik wie ein Karussell drehen. Man segelt zu den Kanaren oder noch weiter

nach Süden, dann kommt der Passat und schiebt das Schiff nach Westen. Vor der amerikanischen Küste geht es Richtung Norden. Dann dreht der Wind und über die Azoren kommt man wieder nach Europa.

Auch das Spielzeugschiff von Diego würde auf diese Weise wieder bei ihm landen.

Heute steuern die Kapitäne, ganz gleich ob Luxusliner oder Segelboot, noch immer auf dem Kurs, den C.C. vor über 500 Jahren entdecken sollte. Es gibt einfach keinen besseren.

Wie er sein Ziel erreichen kann, weiß C.C. jetzt. Aber noch fehlt ihm die Flotte, mit der er das Abenteuer wagen kann. Schiffe waren damals sehr teuer. Die Ausrüstung auch. So etwas konnten sich nur sehr reiche Kaufleute oder Könige leisten. Genau so einen will C.C. für seine Abenteuer gewinnen: Johann II., den König von Portugal.

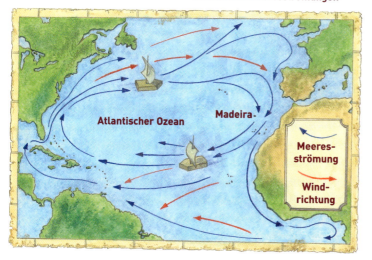

Der Atlantische Ozean mit Passatwinden und Meeresströmungen

Ein Traum wird wahr

Columbus und sein Sohn Diego im Kloster La Rábida. Er erklärt seinen Plan, auf der West-Route nach Indien zu reisen. (Gemälde von Eduardo Cano de la Peña, 1856)

Kapitel 10
Der geheime Brief

Der geheime Brief

Etwa um 1400 glauben die meisten christlichen Gelehrten noch, die drei Kontinente Europa, Asien und Afrika – mit Jerusalem als geografischem Mittelpunkt – schwämmen auf der nördlichen Halbkugel. Drum herum, so meinten sie, sei ein Ozean, auf dem keine größeren Schiffe fahren könnten. Die südliche Welt sei nichts weiter als eine glutheiße Todeszone.

Das ändert sich erst mit der Wiederentdeckung alter Texte aus dem zweiten Jahrhundert. In denen beschreibt unter anderem ein gewisser Claudius Ptolemäus die Gewürzinseln Asiens. Er behauptet auch, dass Afrika noch jenseits des Äquators bewohnt und der Ozean sehr wohl befahrbar sei.

Ptolemäische Weltkarte um 1500 (Holzschnitt vor 1628)

In Florenz, dem damaligen Mekka der Geografen, beschäftigt sich vor allem ein gewisser Paolo de Pozzo Toscanelli mit diesen Überlegungen. Toscanelli ist eigentlich Mathematiker und Arzt. Aber als die Türken Konstantinopel besetzen, wird der Gewürzhandel seiner eigenen Familie bedroht. Denn nun sind sowohl die bekannten Seewege als auch die Landwege nach Osten in fremder

Hand. Also versucht Toscanelli herauszufinden, ob „Indien" nicht doch auf dem Seeweg nach Westen erreicht werden könnte.

Jahrelang sammelt er alte und neue Dokumente; prüft sorgfältig die phantastischen Reiseberichte des Marco Polo auf ihren Wahrheitsgehalt; befragt Kapitäne, Reisende und Diplomaten. Dann fasst er – inzwischen 77 Jahre alt – seine Ergebnisse in einem Brief an seinen Freund Fernao in Lissabon zusammen und legt auch noch eine Karte bei. Auf der hat er die „Welt" aufgezeichnet, wie er sie sieht: Rechts liegen Europa und Afrika. Links ist Asien mit den Inseln Cathay und Cipango (Japan) eingetragen.

Fernao ist der Berater des portugiesischen Königs. Er gibt den Brief direkt an ihn weiter. Und so liest Seine Majestät König Johann II. im Jahr 1474 von wunderbaren Orten ganz im Osten der damals bekannten Welt.

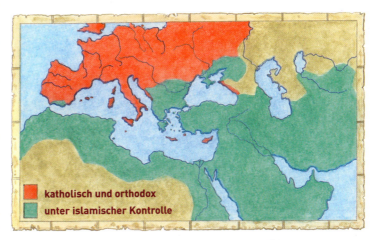

Das christliche Europa grenzte um 1500 im Osten und Süden an muslimisches Territorium. Christen und Muslime waren seit den Kreuzzügen verfeindet. Durch die Eroberungen der Osmanen am Bosporus wurde den christlichen Händlern der Landweg nach Indien versperrt.

„Dieses Land hat viel Gold, Perlen und Edelsteine und die Paläste sind bedeckt mit Gold. Aber weil die Wege dorthin unbekannt sind, existieren diese Schätze bisher nur im Verborgenen, obwohl man vollständig sicher dahinsegeln kann."

Dieser Brief bekommt den Stempel „GEHEIM" und wird im Palast des Königs weggeschlossen; denn der portugiesische König hat andere Pläne.

Wahrscheinlich erfährt C.C. durch seine Schwiegermutter von Toscanellis Brief, darf die Papiere kurz einsehen und zeichnet sich die Karte aus dem Gedächtnis nach. Das ist für ihn kein Problem. Schließlich ist er gelernter Kartograf.

Jetzt fühlt sich C.C. absolut bestätigt in seiner Idee, denn auf der Karte des großen Toscanelli liegt das geheimnisvolle „Indien" in erreichbarer Ferne von etwa 3.000 Meilen. 100 Meilen

Kapitel 10

am Tag sind für eine Karavelle damals mühelos zu schaffen. Dementsprechend errechnet C.C. eine Reisedauer von 30 Tagen. Das ist logistisch kein unlösbares Problem.

Also schreibt C.C. an Toscanelli. Er will mehr wissen. Und der „Alte" aus Florenz antwortet tatsächlich:

> Paolo, der Arzt,
> an Christoph Columbus, Grüße
> Ich schätze Euren edlen und starken Wunsch, von Osten nach Westen zu segeln, über jene Route, die ich auf meiner Karte eingezeichnet habe. Es freut mich, dass ich so gut verstanden worden bin und dass die Reise nun endlich wirklich unternommen werden wird.

Was beide nicht wissen: Schon Ptolemäus hat die Größe des bekannten Teils der Welt um ca. 50 % unterschätzt. Und Toscanelli hat den Fehler noch erheblich vergrößert. Er glaubt, man müsste auf dem Westkurs von den Kanarischen Inseln nach Asien nur 3.550 Meilen segeln.

In Wirklichkeit sind es auf diesem Weg bis Cipango/Japan 12.000 Meilen!!! Dafür hätte man damals mit dem schnellsten Schiff bei besten Windverhältnissen mindestens vier Monate gebraucht ... und die Mannschaften wären inzwischen elend verhungert und verdurstet.

Zurück zu König Johann II. von Portugal und seinen Plänen. Er sucht nicht nach der West-Route, sondern lässt seine Karavellen auf den Spuren seines Vorfahren, Heinrichs des Seefahrers, immer weiter die afrikanische Küste entlangsegeln. Denn er hofft eines Tages am südlichen Ende dieses Kontinents anzulangen, um dann nach Nord-Ost abbiegen zu können – falls er nicht zuvor das Ende der Welt erreicht haben sollte. Auf diesem Weg möchte er nach Indien kommen. Deshalb hat er den Brief Toscanellis auch versteckt und keinem seiner Kapitäne gezeigt. Er will diesen kürzeren Seeweg finden und keinen anderen!

Kein Wunder also, dass C.C., als er endlich eine Audienz am portugiesischen Hof erhält, mit seiner Idee überhaupt keine Chance hat. Zumal er vermutlich – wie später auch in Spanien – riesige Forderungen stellt; 10 % von allen entdeckten Reichtümern, einen Adelstitel und die Ernennung zum obersten Admiral.

König Johann hört sich C.C.'s Pläne nicht allzu lange an. Er bricht das Gespräch ab und macht etwas, was „Politiker" heute immer noch tun, wenn sie sich nicht mehr mit einer Sache beschäftigen wollen: Er gründet eine Kommission, die sich mit den verrückten Gedanken dieses vermeintlichen Spinners beschäftigen soll. In der Sprache des königlichen Schreibers klingt das etwa so:

„Als der König merkte, dass Cristovao Colón ein Schwätzer war, der sich ständig seiner Taten rühmte und von seiner Insel Cipango mehr mit Phantasie und Einbildungskraft sprach als mit Wissen, schenkte er ihm nur noch geringes Vertrauen. Aber, da der Herr Colón seine Sache so hartnäckig verfocht, verwies der König ihn an Diego Ortit, den Bischof von Ceuta, und die Meister Rodrigo und José, die sich mit kosmografischen Dingen und der Forschung beschäftigen."

Natürlich kennen die drei den Brief Toscanellis nicht. Sie prüfen C.C.'s Plan aber sehr genau. Und dann laden sie ihn zu einem Gespräch ...

König Johann II. von Portugal
(1455–1495); anonym

Kapitel 11
Der Streit der Experten

Der Streit der Experten

„Señor Colón, wir haben Eure Pläne geprüft. Aber bei allem Wohlwollen: Euer Vorhaben ist Selbstmord und Mord an Eurer Mannschaft. Außerdem würden wir drei oder vier unserer besten Schiffe verlieren!"

Meister Rodrigo, einer der bedeutendsten Kosmografen seiner Zeit, schüttelte den Kopf über diesen hochmütigen Möchtegernkapitän, der doch allen Ernstes behauptete, Indien sei, wenn man nur immer nach Westen segelt, in einem Monat zu erreichen.
Columbus starrte auf die eigenhändig gezeichnete Kopie der Seekarte des Toscanelli. Da machte dieser portugiesische Gelehrte ihn vor der ganzen Delegation so klein wie einen Schulbuben, der seine Hausaufgaben nicht gemacht hat. Aber was wussten diese Herren denn schon. Vielleicht wollten sie ihn ja nur aushorchen, all seine Pläne erfahren, um dann am Ende selbst eine Flotte auszurüsten und ihn um Ruhm und Ehre – aber vor allem um unermesslichen Reichtum – zu bringen.
„Die Welt ist größer, als ihr denkt", fuhr Rodrigo in seinem Vortrag fort. „Heinrich der Seefahrer zeigte uns den einzig gangbaren Weg. Wir werden die Erkundung der afrikanischen Küste in seinem Geiste fortsetzen. Irgendwo muss dieser Kontinent zu Ende sein und dann ist der Seeweg nach Indien, Japan und China offen. Schon heute fischen unsere Schiffe vor der afrikanischen Küste und bringen Gewürze, Holz, Fische und Sklaven in die Städte unseres Landes. Portugal ist die am weitesten entwickelte Nation der Welt. Wir brauchen euch nicht, Señor Colón, wir finden den Seeweg auch ohne eure Hilfe."
Columbus kochte vor Zorn. All seine Hoffnungen hatte er auf diese Anhörung gesetzt. Und nun diese Schmach. Nein, er würde hier und heute nicht weiter über seine Pläne reden. Mit keinem Wort würde er seine Kenntnisse von Strömung und Wind auf den Kanaren preisgeben. Und schon gar nicht

Kapitel 11

die Geschichten erzählen, von denen er in Irland und Island gehört hatte. So knurrte er nur noch „es gibt auch andere Herrscherhäuser" und ging ohne Gruß.

Nachdem der Diener das mächtige Eichentor hinter dem zornigen Bittsteller geschlossen hatte, beugte sich der Bischof von Ceuta, der das Streitgespräch schweigend verfolgt hatte, zu Rodrigo: „Was um alles in der Welt macht Euch eigentlich so sicher, dass der Kerl nicht doch Recht hat?"

Der Kosmograf schüttelte den Kopf: „Das behalte ich besser für mich. Sonst bekomme ich nur Ärger mit der Kirche."

Der Bischof lächelte; die beiden kannten sich schon lange. „Und wenn ich Euch vorab Absolution für diese Sünde erteile, erzählt Ihr es mir dann?"

Rodrigo lachte und begann auf einer Schiefertafel mit einem Griffel Winkel und Kreise zu zeichnen.

„Über 200 Jahre bevor unser Herr und Heiland auf Erden wandelte, war Alexandria das Zentrum allen Wissens. Viele tausend Menschen lebten dort und den Seefahrern wies ein 120 Meter hoher Leuchtturm den Weg in den sicheren Hafen. Die Mündungsarme des Nil ließen die Früchte der Felder reichlich gedeihen und das Meer schenkte den Bewohnern Nahrung im Überfluss. Da sie sich um ihr tägliches Brot keine Sorgen machen mussten, fanden viele Zeit, die Natur zu beobachten und zu überdenken. Einer von ihnen war der Grieche Erastosthenes. Er arbeitete in der großen Bibliothek und hatte somit Zugang zum Wissen seiner Zeit, auch zu den Dingen, die wir heute schon wieder vergessen haben.

Dieser Mann fand genau 500 ägyptische Meilen südlich von Alexandria einen Brunnen, an dem an einem Tag des Jahres das Spiegelbild der Sonne in der Tiefe des Brunnenschachtes zu sehen war. Die Sonne stand also an diesem Tag, es war der 21. Juni, genau um Mittag senkrecht über dem tiefen Brunnenschacht. Über Alexandria, das wusste er, stand die Sonne niemals so hoch am Himmel, dass Menschen, Bauwerke und vor allem die vielen Säulen der Stadt keinen Schatten warfen. Er berechnete aus der Schattenlänge einer Säule den Winkel zur Sonne, der genau 7,5 Grad betrug. Der Rest ist einfach. Seht her!"

Der Griffel des Gelehrten quietschte ein wenig, als er dem Bischof die Formel aufschrieb.

$$\frac{360°}{7,5°} = 48$$

48 x 500 ägypt. Meilen
= 24.000 ägypt. Meilen
oder 39.744 km. Das ist der Umfang der Erde.

Kapitel 11

Der Bischof von Ceuta runzelte nachdenklich die Stirn: „Wenn diese Rechnung stimmt, so habt Ihr zweifellos Recht und dem König den Verlust einiger stolzer Schiffe erspart; denn 24.000 Meilen (also 39.744 Kilometer) schafft keine noch so gut ausgestattete Karavelle. Den Seeleuten gehen Wasser und Nahrung aus und sie sterben elendig, bevor sie ihr Ziel erreichen.
Ihr habt den Kerl also zu Recht zum Teufel geschickt. Nein, das stimmt nicht, er wollte selbst zum Teufel gehen und ihr habt ihm das Leben gerettet."
Der Bischof bekreuzigte sich.

Streit der Experten mit C.C.

Das fast Unglaubliche daran ist: Der alte Grieche hat sich nur um 330 km verrechnet!

Die Kommission lehnt also ab. Aus guten Gründen. Sie wollen nämlich im Unterschied zu C.C. und Toscanelli die Erde nicht kleiner rechnen, als sie tatsächlich ist. Die drei Gelehrten schätzen tatsächlich die Entfernungen zwischen Portugal und Indien auf dem Westweg ziemlich realistisch ein. Dass dazwischen – in erreichbarer Ferne – ein riesiger, unbekannter Kontinent liegt, wissen sie nicht.
So entscheidet die Kommission aus den richtigen Gründen falsch. C.C. wird abgewiesen und ausgelacht – und der König von Portugal verpasst die Chance auf ein Weltreich.

Zusammen mit seinem Sohn Diego flieht C.C, inzwischen Witwer, heimlich aus Portugal. So erzählt es zumindest Bartholome de las Casas in seiner Columbus-Biografie.
Jahre später will König Johann II. noch einmal über C.C.'s Pläne reden, aber da ist es schon zu spät. C.C. hat einen Freund in Spanien gefunden, der an seine Idee glaubt und ihm um jeden Preis helfen will.
Vorher verraten wir aber, woher wir das alles über C.C. eigentlich wissen …

Kapitel 12
Von alten Briefen und versunkenen Schiffen

Von alten Briefen und versunkenen Schiffen

Woher weiß man das alles über C.C.?
Es gibt zwei „Spuren":
Die Spur der Buchstaben und Zahlen
und
die Spur der Schiffe und Steine.

Manchmal kommen beide Spuren auch zusammen: in alten Schiffstagebüchern! Von denen sind viele bis heute erhalten.
In so ein Logbuch wird das Wetter eingetragen, wo das Schiff wie lange unterwegs ist und was an diesem Tag sonst noch passiert. So ein Schiffstagebuch ist ein zuverlässiges Dokument, möchte man meinen – doch nicht bei C.C.

Er führt mitunter zwei Schiffstagebücher parallel, zum Beispiel während seiner ersten großen Entdeckungsreise. In dem einen schreibt er ehrlich auf, wie hoffnungslos er die Unternehmung nach 20 Tagen und Nächten auf See sieht ... und schließt es dann für niemanden zugänglich fort.
In dem anderen beschreibt er die Situation höchst optimistisch, um die miese Stimmung an Bord zu heben und eine Meuterei zu verhindern. Das darf die ganze Mannschaft lesen, soweit sie dazu in der Lage ist.

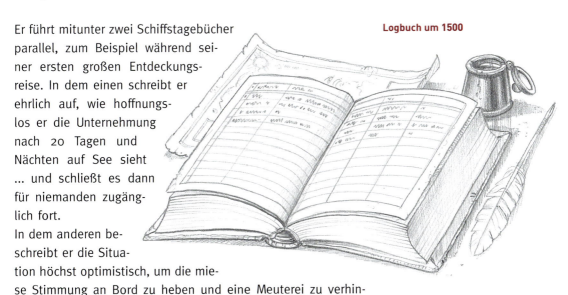

Logbuch um 1500

Kapitel 12

So erzählt es Bartholome de las Casas, C.C.'s Biograf, der ihn auf verschiedenen Reisen begleitet. Er ist ein wichtiger Informant, wenn man Genaueres über C.C. herausfinden will. Ein anderer ist sein Sohn Fernando, der das Leben seines berühmten Vaters sehr ausführlich beschreibt.

Aber beide sind natürlich absolut parteiisch. Bei ihnen ist kaum etwas Kritisches über C.C. zu lesen. Im Gegenteil, manchmal klingen ihre Texte so, als hätte sie C.C. höchstpersönlich diktiert.

Anders ist es bei den überlieferten Briefen, die C.C. vor allem an die spanischen und portugiesischen Könige und Königinnen schreibt und die lange in den höfischen Archiven aufbewahrt wurden. Doch auch darin lügt C.C. oft und gern. Zum Beispiel in seinem Bericht an die Königin Isabella über seine erfolgreiche erste Reise, den er folgendermaßen beendet:

„Die berichteten Ereignisse sind wahrhaftig und wundersam, entspringen jedoch nicht meinen Verdiensten, sondern meinem Glauben an Jesus Christus. Gott pflegt nämlich seinen Dienern auch das Unmögliche zu erfüllen. So erging es mir, der ich erreicht habe, was bisher außer Reichweite menschlicher Macht lag."

Natürlich ist das einzig und allein ein Selbstlob. Was die Seefahrt und seine Entdeckungen betrifft, glaubt C.C. an sich und sonst an niemanden.

Wenn er weiterschreibt: „… und wir wollen fröhlich sein, wegen des Gewinns weltlicher Güter, an denen nicht nur Spanien, sondern die ganze Christenheit teilhaben wird …", dann verschleiert er nur, dass er vorher knallhart verhandelt hat, um so viel wie möglich von all den in der „Neuen Welt" vermuteten Schätzen für sich zu bekommen.

Eine andere Lüge:

Auf seiner zweiten Reise lässt er die Matrosen schwören, dass Kuba keine Insel sei, sondern Festland. Nur deshalb, weil er endlich Festland erreicht haben will, ob es nun wahr ist oder nicht.

Gesammelt sind diese Dokumente und viele hunderttausende mehr in einem vierstöckigen, mittelalterlichen Haus in Sevilla. Mithilfe dieser millionenfachen Informationen versuchen Forscher herauszufinden, wer dieser C.C. eigentlich ist. Systematisch blättern sie sich durch Berge von Kassenbüchern, Ladelisten, Steuerunterlagen, Beschwerden, Beförderungs-, Sterbe- und Geburtsurkunden, die in spanischen Archiven jahrhundertelang aufbewahrt wurden. Und von 10.000 Dokumenten weist allenfalls eins indirekt oder direkt auf C.C. hin.
Doch die Forscher schaffen Legende um Legende aus der Welt. Beispielsweise diese: Natürlich versetzt Königin Isabella nie ihre Juwelen, um die erste Reise zu bezahlen.
Und C.C. entdeckt auch nicht, dass die Erde eine Kugel ist, und streitet sich mit den spanischen und portugiesischen Experten darüber.

Aber ein Betrüger ist er. Er prellt offensichtlich sogar den Matrosen, der „Amerika" wirklich als Erster vom Schiff aus sichtet, um die von ihm selbst ausgelobten 10.000 Maravedis.
Er behauptet einfach schon in der Nacht zuvor ein Licht in der Ferne gesehen zu haben. Dafür gibt es im Archiv Belege.

> **Maravedis**
> Ein Kapitän verdiente zu jener Zeit 48.000 Maravedis im Jahr, ein Matrose 12.000 und ein Schiffsjunge 8.000 Maravedis.
> Nimmt man den damaligen und heutigen Goldpreis zum Vergleich, wären 100 Maravedis von damals etwa 15 Euro wert.

Noch etwas geht aus all diesen Akten hervor: C.C. vertraut niemandem wirklich, nicht einmal seinen eigenen Kindern. Und er gibt von seinem Geld nie etwas für ein schöneres Leben aus. Er kauft niemals ein Haus. Rechnungen über neue Möbel, Gardinen oder Geschenke fehlen auch. Dennoch weiß er luxuriöse Güter zu schätzen. Das bezeugt eine Bestellliste, die er auf seiner dritten Reise aufgibt. Diese Luxusgegenstände soll aber die Königin Isabella bezahlen. Auf fremde Rechnung lebt C.C. offensichtlich gerne gut.
All das und noch viel mehr bezeugen die „Spuren der Buchstaben und Zahlen", wenn man sie kritisch lesen kann.

Und was ist mit der „Spur der Schiffe und Steine"?
Jahrhundertelang sucht man vergeblich vor der amerikanischen Küste nach einem der sieben Schiffe, die auf C.C.'s vier Reisen in die „Neue Welt" verloren gegangen sind. Erst als 1932 das Pferd eines Plantagenaufsehers im wahrsten Sinne des Wortes über einen Stein stolpert, findet man die erste Spur.

Kapitel 12

Dieser Stein gehört nämlich zu einem uralten Brunnen.

Die Archäologen buddeln und buddeln und legen die Häuser einer spanischen Siedlung frei, in der Diego Colón, der Sohn des C.C., gelebt haben muss.

Man zieht die Schiffstagebücher zu Rate. Vor allem die der „vierten Reise". Aus den Notizen geht eindeutig hervor, dass hier ganz in der Nähe die Wracks der versunkenen/versenkten „Capitana" und „Santiago de Palos" liegen müssen. Die „Schatzsuche" beginnt.

Modell der „Santa Maria"
(hergestellt 1969)

Wenn man wirklich eines dieser versunkenen Schiffe finden würde, wäre man hautnah dran an der Welt des berühmten Entdeckers. Denn – so überraschend das klingt – niemand weiß ganz genau, wie die berühmte „Santa Maria" damals tatsächlich ausgesehen hat. Alle Nachbauten, die heute in Spanien, Portugal oder sonst wo herumschippern, sind nach alten Gemälden – also Pi mal Schnauze – gebastelt und im besten Fall so ähnlich wie die Schiffe C.C.'s konstruiert.

Aber wo sind die Wracks aus C.C.'s Zeit? Zwei Buchten kommen in Frage: Die eine heißt Don Christopher's Cove. Da findet man nach drei Jahren Suche (1935 bis 1938) und 150 Bohrlöchern „null Komma nichts".

Auch in der St. Ann's Bay nebenan entdecken die Meeresarchäologen viele Jahre lang keine einzige Planke, die 500 Jahre alt sein könnte.

Aber sie geben nicht auf. Und so wie es aussieht, sind sie im Jahr 2003 mit ihrer Schatzsuche endlich erfolgreich. Selbst wenn die genauen Untersuchungsergebnisse zu ihrem Fund bis heute (Juli 2005) noch immer nicht feststehen.

Kapitel 12

Wir kehren zurück zu C.C.

… und treffen ihn 33 Jahre alt und grauhaarig zusammen mit seinem vier- oder fünfjährigen Sohn Diego in einem spanischen Kloster.

Mit dabei ist ein Mönch namens Antonio, dessen Abt allerbeste Beziehungen zu einer der wichtigsten Frauen im damaligen Europa hat. Sie heißt Isabella und ist die Königin von Spanien! Die Königin gilt es, nun für C.C.'s Plan zu gewinnen. Doch die führt Krieg und ist deswegen nur schwer zu erreichen.

> Wer jetzt neugierig geworden ist und mehr über diesen sensationellen Fund lesen will, dem empfehlen wir an dieser Stelle das wundervolle Buch „Die letzte Reise. Der Fall Christoph Columbus" von Klaus Brinkbäumer und Clemens Höges.

Kapitel 13
Der neue Freund

Der neue Freund

Diego quengelte, er hatte Hunger und Durst. Vor zwei Stunden waren sie im Hafen von Palos an Land gegangen. Seitdem stapfte er durch die Hitze des andalusischen Sommers hinter seinem Vater her. Es war nicht mehr weit bis Huelva. Dort wohnten Verwandte seiner verstorbenen Mutter. Bei denen könnten sie vielleicht für eine Weile wohnen. Aber wenn man gerade mal fünf Jahre alt ist und Durst hat, interessiert man sich nicht sonderlich für entfernte Verwandte.

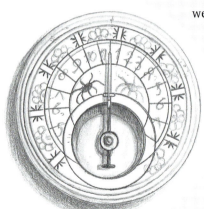

Sonnenuhr um 1500

Einladend sah die massive Tür in der weiß gekalkten Klostermauer nicht gerade aus. Aber um sich nicht noch eine weitere Stunde Diegos Gejammer anhören zu müssen, beschloss Columbus anzuklopfen und die Mönche um einen Schluck Wasser für seinen Sohn zu bitten.

Ein alter Mönch öffnete und bat sie in den schattigen Innenhof. Sicher konnten sie einen Schluck Wasser haben und auch ein Stück Brot, meinte der gastfreundliche Franziskaner. Er wollte wissen, ob sie auf dem Schiff gewesen seien, das am Vormittag im Hafen eingelaufen sei? Während Diego seinen Durst am Brunnen stillte, beantwortete sein Vater die Fragen des Alten. Dann aber fiel sein Blick auf die Sonnenuhr an der Südseite des schlanken Glockenturms. Sie war so angebracht, dass die Verlängerung des Schattenstabes genau auf den Nordstern wies. Columbus hatte auf seinen Schiffsreisen ein ausgeprägtes Gespür für Himmelsrichtungen entwickelt. Außer der Zeit zeigte die Uhr auch noch auf exakt berechneten Linien das Datum und Sternzeichen an. Tagundnachtgleiche waren ebenfalls markiert. Wer diese Sonnenuhr entworfen hatte, musste etwas von Astronomie verstehen. Und wer sich in der Astronomie auskannte, der war aller Wahrscheinlichkeit nach auch in der Navigation bewandert.

Kapitel 13

„Gefällt sie Euch?"

Ein jüngerer Mönch war aus dem Schatten des Säulengangs getreten.

„Sehr! Sie ist offensichtlich von jemandem berechnet worden, der sein Handwerk genau versteht", antwortete der Seemann und brachte Bruder Antonio de Marchesa zum Strahlen. Dieser erzählte gern, dass er mehr als ein Jahr zur Berechnung des Zifferblattes gebraucht habe. Seit dieser Zeit war die Beschäftigung mit Sonne, Mond und Sternen zu seiner Passion geworden. Leider konnte er sich aber mit diesen Geheimnissen zu wenig befassen, denn er war zum Kustos ernannt worden und das Amt ließ ihm wenig Zeit.

Diego hatte es sich im Schatten auf einer Bank bequem gemacht und war eingeschlafen. Columbus und der Mönch aber schlenderten über den Hof und erzählten einander von den Sternen am Himmel, von der Bahn der Planeten, von den Phasen des Mondes, von der Weite des Meeres und von den Küsten, Inseln und Ländern, die Columbus bereist hatte.

An diesem Abend nahm der Genueser die Einladung der Franziskaner an, die Nacht im Kloster La Rábida zu verbringen. Es sollten noch viele Tage und Nächte daraus werden. Columbus hatte in Bruder Antonio nicht nur einen Gesprächspartner, sondern auch einen Freund gefunden. Er erzählte ihm als Einzigem von dem Geheimnis der Passatwinde und weihte ihn vermutlich auch in seine wirklichen Pläne ein. Bruder Antonio war begeistert.

„Das wird eine großartige Reise, Christoph. Du musst mir nur versprechen, dass du auf der anderen Seite unserer Welt die Sternenwinkel mit dem Jakobsstab oder dem Astrolabium misst und die Ergebnisse für mich aufschreibst. Ich habe wohlhabende und einflussreiche Freunde. Warum sollten sie dir die Expedition nicht finanzieren? Außerdem gibt es da noch unseren Vater Abt. Er ist der Beichtvater unserer Königin. Im Moment ist er leider auf Reisen. Aber er könnte ein gutes Wort für dich einlegen. Wie man hört, ist Isabella eine glaubensstarke Frau. Sie ist allerdings im Moment damit beschäftigt, die Mauren zu vertreiben, und wenn Krieg geführt wird, ist meist kein Geld und keine Zeit für andere Dinge da."

Antonio de Marchesa glaubt an die Idee seines neuen Freundes. Er versucht mit allen Mitteln für C.C. eine Audienz beim spanischen Herrscherpaar zu bekommen, damit er seine Pläne vortragen kann. Jahrelang bleiben beide ohne Erfolg. Doch dann werden C.C. und Bruder Antonio plötzlich eingeladen – nach Córdoba! An den Königshof!

Und wie C.C.'s erste Begegnung mit der damals mächtigsten Frau Europas ausgeht, davon erzählen wir euch im nächsten Kapitel.

**Kapitel 14
Zeit für neue Pläne**

Zeit für neue Pläne

Ob man es glaubt oder nicht, Kaiser oder König zu sein ist im Mittelalter und den folgenden Jahrhunderten gar nicht so lustig. Man muss ständig herumreisen. Kaum ist so ein König nach monatelanger Abwesenheit in seiner heimatlichen Burg angekommen, erscheint irgendein Bote – zum Beispiel vom Papst. Der braucht gerade mal wieder dringend Hilfe, weil irgendein anderer Herrscher ein paar päpstliche Ländereien geklaut hat.

**Das katholische Herrscherpaar Spaniens
links: Isabella I. von Kastilien (1451–1504), Öl auf Holz, 1500
rechts: Ferdinand V. von Aragon (1452–1516), Öl auf Holz, 1495**

Also geht es wieder rauf aufs Pferd, das Heer sammeln und los nach Italien. So ein Kriegszug kann auch schon mal ein paar Jahre dauern. Wenn man zurückkommt, kennen einen die eigenen Kinder nicht mehr wieder und man selbst erkennt sie auch nicht.

Genau so geht es um 1480 Ferdinand und Isabella von Spanien. Durch ihre Heirat (1469) vereinigen sie die beiden unabhängigen Reiche Aragon und Kastilien. Eine echte Heimatburg besitzen sie nicht. Stattdessen ziehen sie ständig von Córdoba nach Sevilla, von Sevilla nach Madrid und von dort wieder weiter nach Barcelona, um all die kleinen Fürsten in Schach zu halten, die sich ständig untereinander bekriegen. Und eines kommt noch erschwerend hinzu: die Mauren. Die sind schon im achten Jahrhundert von Marokko über Gibraltar in die spanische Halbinsel eingefallen. Unter ihrer Herrschaft

Kapitel 14

blühen Städte wie Sevilla und Córdoba auf. Das kann man noch heute an den wundervollen Moscheen in Spanien erkennen.
Wissenschaft und Künste sind den Mauren sehr wichtig. Und es herrscht Religionsfreiheit. Moslems, Juden und Christen leben friedlich nebeneinander. Das ändert sich schlagartig, als die Kreuzritter ab 1309 beginnen Spanien für die Christen zurückzuerobern. Muslime müssen fliehen und Juden auch, sonst landen sie gnadenlos auf dem Scheiterhaufen der Inquisition.
Jetzt im Jahr 1486 halten die Mauren einzig und allein noch die Festung Granada in der Sierra Nevada und Malaga am Mittelmeer. Aber der Kampf geht weiter und kostet die spanische Krone ungeheuer viel Geld und Zeit.
Das muss man wissen, um zu verstehen, warum es C.C. – trotz bester Beziehungen seines Freundes Antonio – nicht gelingt, Isabella und Ferdinand seine Pläne vorzutragen.
Erst Ende 1486 erhält er einen Termin bei der Königin. Und auch nur, weil C.C. fast ein halbes Jahr in Córdoba wartet, bis Ihre Majestät von einer Reise zurückkehrt.
Die Königin überlegt lange, ob sie die Expedition finanzieren soll: Wenn C.C. Recht hat, wäre die Reise eine sehr lukrative Investition. Stimmt es aber nicht, was dieser „verrückte" Genueser erzählt, macht sie sich möglicherweise lächerlich.
Kurzum: Sie kann und will sich nicht entscheiden. Auch sie verweist den Fall an einen Expertenrat. Mit dabei sind Astronomen, Juristen und Kartografen. Sie halten C.C. – ganz ähnlich wie die portugiesischen Gelehrten – vor, Asien läge viel weiter weg, als er berechnet habe. Er scheitert, aber zu seiner Überraschung setzt die Königin ihn auf ihre Gehaltsliste. Ab sofort erhält er 1.000 Maravedis im Monat.
Möglicherweise ist das nur ein Trick der cleveren Isabella. Denn als ihr Gehaltsempfänger kann C.C. seine Pläne schlecht an jemand anderen verkaufen. Womöglich hat sie auch von einem ihrer Spione erfahren, dass ihr portugiesischer Gegenspieler, Johann II., noch einmal mit C.C. über sein Vorhaben reden möchte. Isabella weiß, dass Johann II. einen neuen Seeweg nach Indien für Portugal „erobern" will, koste es, was es wolle. Er schickt seine Karavellen und Naos von Abenteuer zu Abenteuer – ohne Rücksicht auf Verluste.

Kapitel 15
Von Handelsschiffen und Karavellen

Von Handelsschiffen und Karavellen

Karavelle: „Santa Maria"
(Holzschnitt, 1493; später koloriert)

Wenn man heute zu einer Expedition aufbricht, dann wird viel fotografiert und mindestens ein Teilnehmer nimmt das Ereignis mit einer Videokamera auf.

Vor 500 Jahren gibt es noch keinen Fotoapparat und die Videokamera ist auch noch nicht erfunden. Also müssen Maler ein großes Ereignis für die Nachwelt im Bild festhalten. Von ihnen macht sich damals allerdings keiner die Mühe, ein Schiff vom Typ einer Karavelle zu zeichnen.

Dabei sind die schnellen Karavellen mindestens schon 50 Jahre vor C.C.'s Fahrt in die „Neue Welt" als Erkundungsschiffe im Einsatz.

Ein Portugiese lässt sie bauen und schickt sie an der afrikanischen Küste entlang – immer weiter nach Süden. Wir kennen diesen berühmten Mann bereits: Es ist der Prinz von Portugal und er lässt die Welt jenseits des bekannten Horizonts erkunden. Sein Name ist Heinrich der Seefahrer.

Obwohl seine Karavellen ganz wesentlich zur Entdeckung der Welt beitragen, weiß man heute nur wenig über sie. Anders ist das mit Handelsschiffen. Die kennt man genau: Sie sind bauchig und plump, sodass viel Ware an Bord genommen werden kann. Sie haben kaum Tiefgang, damit man auch einen Fluss befahren kann, dessen Wasser seicht ist. Die Schiffe sind langsam und es ist ratsam, dicht unter Land, also an der Küste, entlangzufahren. Bei Sturm kann man dann rasch in einem Hafen oder in einer Bucht Schutz suchen.

Auf alten Bildern sieht man am Heck der Handelsschiffe ein großes Fenster, das wohl zur Kajüte des Kapitäns gehört. Solche Aufbauten machen ein Segelschiff aber langsam und es ist wegen seiner Hecklastigkeit schwerer zu steuern.

Eine moderne Rennjacht ist sehr flach, mit einem großen Mast und einem Kielschwert, das meterlang ins Wasser ragt. Es verhindert, dass das Schiff abdriftet oder bei Seitenwind kentert. Wahrscheinlich ist die Karavelle ein Mittelding zwischen einem mittelalterlichen Handelsschiff und einem schnellen Segler – ähnlich, wie wir ihn heute bauen.

So eine Karavelle hat vermutlich keine extra Kajüte für den Kapitän. Denn noch heute gilt, je schneller ein Segelschiff sein soll, desto weniger Luxus darf es an Bord geben. Keine Dusche, keine abgeteilten Kabinen, keinen Kühlschrank und keine Klimaanlage. Alles, was schwer ist, wird weggelassen. Dafür gibt es Konserven, Trockennahrung und Wasseraufbereitungsanlagen. Aber all das haben C.C. und seine Zeitgenossen natürlich nicht an Bord. Trinkwasser muss in Fässern mittransportiert werden. Außerdem gibt es Schiffszwieback, Pökelfleisch und Schnaps. Und als Frischfleisch nimmt man die Hühner und Schweine erst mal lebendig an Bord.

Zusätzlich müssen Kanonen, jede Menge Kanonenkugeln und Schießpulver eingeladen werden. Dann noch die Rüstungen für die Soldaten, Musketen, Spieße und Schwerter. Man weiß ja nicht, ob die Menschen auf der anderen Seite des Ozeans friedlich gestimmt sind. Außerdem muss man ihnen gleich klar machen, wer ab sofort das Sagen hat.

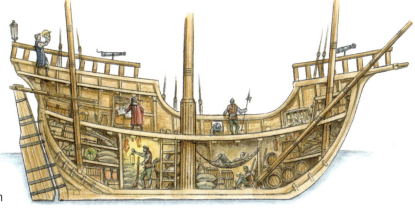

Karavelle mit Laderäumen und Mannschaftsunterkünften

Es werden aber auch Geschenke für die „Wilden" wie Glasperlen, Spiegel und Messer eingepackt. Für Wäsche zum Wechseln ist kein Platz mehr und das mitgenommene Süßwasser reicht bestimmt nicht zum Duschen. Die Entdecker müssen damals ganz schön gestunken haben.

Kapitel 15

30 Mann oder mehr sitzen auf einem schmalen, schnellen Schiff beieinander – ohne geräumige Aufbauten, ohne Toilette – bei Kälte und Nässe, bei Hitze und Tropenregen, und das wochenlang …

Wie eine Karavelle damals wirklich ausgesehen hat, interessiert nicht nur die Historiker und die Archäologen, sondern auch die Schiffbauer. Denn C.C. war mit seiner kleinen Flotte in die Karibik nur ein paar Tage länger unterwegs, als moderne Jachten heute. Ein Jammer also, dass damals auf der ersten Reise keiner mit einer Videokamera dabei war.

Aber so weit sind wir noch nicht. Noch wartet C.C. auf seine zweite Chance im spanischen Kloster La Rábida, während die Portugiesen auf der Ost-Route nach Indien Seemeile um Seemeile vorankommen.

> Übrigens: Für Kinofilme sind oft die Schiffe des Columbus nach Bildern aus späterer Zeit nachgebaut worden. Aber richtig gut gesegelt sind diese Nachbauten nicht. Die Schiffe, die beispielsweise zur 500-Jahr-Feier konstruiert worden sind, mussten sogar von Spanien nach Amerika geschleppt werden. Aus eigener Kraft hätten sie die Reise nicht bewältigt.

Kapitel 16
Bis an den Rand der Welt und darüber hinaus

Bis an den Rand der Welt und darüber hinaus

Seit 28 Jahren ist Heinrich der Seefahrer nun tot. Aber seine Idee, um Afrika herum nach Indien zu segeln, lebt in den Köpfen der portugiesischen Seefahrer weiter.

Im Jahre 1488 segelt Bartolomëu Diaz entlang der westafrikanischen Küste, als ein gewaltiger Sturm sein Schiff ergreift. Trotz eingeholter Segel treibt der Sturm das Schiff 13 Tage lang vor sich her und peitscht es schließlich um das „Kap der Stürme" – bis es im Indischen Ozean zur Ruhe kommt.

Kapitän Bartolomëu Diaz hat damit endlich den Befehl König Johanns II. von Portugal ausgeführt. Er hat das „Kap der Stürme" umfahren, wenn auch nicht ganz freiwillig (später wird es „Kap der Guten Hoffnung" genannt). Nun ist der Seeweg nach Indien frei. Diaz und seine Mannschaft kehren nach Portugal zurück und die Kartenzeichner bereiten die Seekarten für die große und viel versprechende Fahrt nach Indien vor. Doch bis dahin wird es noch neun Jahre dauern.

Trotzdem ist Johann II. dem spanischen Herrscherpaar nun einen Schritt voraus. Und natürlich hat er damit jedes Interesse an der West-Route nach Indien verloren. Schlechte Karten für C.C. – er bekommt eine endgültige Absage aus Portugal. Doch er gibt nicht auf. Noch einmal versucht er, Isabella von seinen Plänen zu überzeugen – im nächsten Kapitel.

**Kapitel 17
Die zweite Chance**

Die zweite Chance

Im Sommer 1489 entscheidet sich Spaniens Königin Isabella die geplante Expedition C.C.'s nicht zu unterstützen. Aber dennoch scheint sie den sturen Kerl zu mögen. Manche Forscher behaupten sogar, die beiden hätten eine Liebesbeziehung. Dafür gibt es aber keine Belege. Sicher ist nur, dass C.C. 1492 völlig überraschend noch einmal an den königlichen Hof geladen wird. Was ist passiert?

Am 3. Januar 1492 geben die Mauren die Festung Granada auf. Auch Malaga fällt. Isabella und Ferdinand gehen aus den jahrelangen Kämpfen endgültig als Sieger hervor. Nun sind sie neuen Plänen wieder aufgeschlossen, auch denen, andere Welten zu entdecken.

C.C. ist im Januar 1492 in geheimer Mission unterwegs. Sein Bruder Bartolomeo unterstützt ihn seit Jahren und spricht bei den europäischen Königshäusern vor, um die Finanzierung der Expedition ins Ungewisse zu ermöglichen. Er hat Kontakte zum französischen König geknüpft und C.C. und er wollen nach Frankreich reisen. Aber vorher will sich C.C. noch von seinem älteren Sohn Diego verabschieden, der noch immer bei Bruder Antonio im Kloster La Rábida lebt.

Da nimmt sein Schicksal wieder einmal eine erstaunliche Wendung.

Der Abt des Klosters La Rábida, Juan Perez, kehrt gerade überraschend von einer langen Reise zurück. Er lässt sich C.C. vorstellen und fragt ihn neugierig aus.

Perez ist kein Astronom und versteht auch nichts von der Seefahrt, aber C.C. und seine Pläne faszinieren ihn. Deshalb lädt er einen alten Freund ein, der sehr viel mehr von diesen Dingen weiß: Fernandez, den Arzt von Palos.

Kapitel 17

Gemeinsam diskutieren sie mit C.C. Stunde um Stunde. Sie fordern ihn heraus, sich immer bessere Argumente einfallen zu lassen, um den Widerstand von Königin Isabella vielleicht doch noch zu brechen. Denn Perez glaubt fest daran, dass C.C. eine zweite Chance bekommen wird. Er ist schließlich Beichtvater der Königin. Gemeinsam raten sie C.C., nicht nach Frankreich zu fahren.

Stattdessen schreibt Perez an Isabella und bittet um eine Audienz für sich und seinen Gast. Schon nach zwei Wochen kommt die Antwort: „Sie sind willkommen." Als Treffpunkt schlägt Isabella das Feldlager in Santa Fé vor. Sie wollen sofort aufbrechen. Aber es gibt im Kloster keine Reitpferde und C.C. hat auch kein Geld dafür. Deshalb leiht er sich einen Maulesel. Ein Bekannter des Abts übernimmt die Kosten. Wenn die Dokumente nicht lügen, heißt dieser Bekannte Martin Alonso Pinzón und ist Kapitän. Sein Schiff liegt unten am Fluss. Es ist die „Pinta". Neun Monate später, am 12. Oktober 1492, wird er damit in „Amerika" landen.

Columbus erläutert seine Pläne im Kloster La Rábida.
(Öl auf Leinwand; Eduardo Cano de la Peña, 1856)

Aber noch muss Isabella für den Plan gewonnen werden. Dabei geht alles schief, was nur schief gehen kann. Eigentlich ist die Königin guter Stimmung, als Juan Perez und C.C. vor ihr und ihrem Gatten Ferdinand erscheinen. Doch C.C. benimmt sich absolut daneben. Der Mann, der sich gerade aus Geldmangel einen Esel leihen musste, stellt eine Bedingung nach der anderen: Einen vererbbaren Adelstitel will er, so steht es im Protokoll über das Gespräch. „Admiral des Ozeans", Vizekönig und Gouverneur aller neu entdeckten Gebiete möchte er werden. Und als Höhepunkt beansprucht er 10 % von allen Schätzen, die jemals aus den fernen Ländern nach Spanien gelangen. Auf immer und ewig.

Der alte Abt Juan Perez steht fassungslos daneben. Damit hat er nicht gerechnet. König Ferdinand wirft C.C. hinaus. Isabella widerspricht nicht.

Kapitel 17

Wortlos reitet C.C. zusammen mit Perez davon. Vermutlich wälzt er in seinem Kopf schon wieder Pläne, wie er dem französischen König die Sache schmackhaft machen kann. Denn ein Columbus gibt nicht auf.

Da geschieht, sieben Kilometer entfernt von Santa Fé, an der Brücke bei „Pinos Puentes" ein Wunder: Ein Bote der Königin holt C.C. zurück. Isabella nimmt seine Bedingungen an!

Das große Abenteuer

Columbus betritt am 12. Oktober 1492 erstmals den amerikanischen Kontinent. (Kupferstich von Theodor de Bry, 1596)

Kapitel 18
Das Wunder hat einen Namen

Das Wunder hat einen Namen

Kaum waren C.C. und sein Begleiter der höflichen, aber eindeutigen Aufforderung Ferdinands und Isabellas gefolgt, den Raum zu verlassen, meldet sich der Privatschatzmeister des Königs, Luis de Santangel, zu Wort, der die Besprechung bis dahin stumm verfolgt hatte.
So erzählt es zumindest C.C.'s Sohn Fernando Jahre danach.
Santangel erklärt der Königin, dass dieses Unternehmen aus seiner Sicht wenig Risiko berge, aber sehr nützlich sein könnte zum Ruhm Gottes (also für die Ausdehnung der Kirche) und natürlich auch für das Reich.
Außerdem solle Majestät doch bedenken, was wäre, wenn irgendein anderer Herrscher auf die Idee käme, diesen Columbus zu engagieren und seine Pläne zu realisieren.

Diese Argumente hätten vermutlich nicht gereicht, wenn Santangel nicht darüber hinaus angeboten hätte, die Hälfte der Kosten von etwa zwei Millionen Maravedis durch Privatleute aufzubringen.

Einer der privaten Geldgeber ist bekannt: ein reicher Sklavenhändler namens Giannotto Berardi. Sein Assistent heißt übrigens Amerigo Vespucci. Er ist Kartenzeichner. Nach ihm wird später die „Neue Welt" benannt werden.

Berardi investiert etwa 500.000 Maravedis in der Hoffnung auf reiche Beute in den neuen Ländern. Bisher musste er nämlich alle Sklaven bei den Portugiesen „einkaufen", denn nur die hatten das Recht, Sklaven nach Europa zu holen. Diese Regelung galt allerdings nur für die bis dahin bekannten Länder. Hatte C.C. Erfolg, so hoffte Berardi, würde sich das ändern.

Kapitel 18

Der andere Teil der 1,14 Millionen, die sich Santangel in kürzester Zeit zusammengeborgt hat (Das ist belegt!!), stammt aus einer unbekannten Quelle.
Es ist aber nicht unwahrscheinlich, dass reiche Juden sich mit viel Geld an der Expedition beteiligten.
Denn in einem Erlass vom 31. März 1492 hatte Isabella nicht nur die Mauren, sondern auch die Juden des Landes verwiesen. Es sei denn, sie wurden innerhalb des nächsten halben Jahres „freiwillig" Christen.
Schon möglich, dass einige Juden damals die Hoffnung hatten, in die Länder, die C.C. entdecken würde, auszusiedeln, um dort in Frieden in ihrem Glauben leben zu können.
Und gegen die erhofften Golderträge hatte kein Kaufmann was, auch kein jüdischer.

Wirkliche Beweise gibt es dafür nicht, aber die Wahrscheinlichkeit ist groß.
Auf jeden Fall ist Luis de Santangel der Mann, der den seidenen Faden, an dem C.C.'s Pläne im Februar 1492 hängen, innerhalb weniger Stunden in ein dickes, hoffnungsvolles Tau verwandelt.
Übrigens: Als C.C. von seiner erfolgreichen Reise zurückkehrte, hat er nicht etwa dem König oder der Königin zuerst geschrieben.
Nein!!! Der erste Brief ging an den Privatschatzmeister seiner Majestät: Luis de Santangel.

Die Finanzen waren also geklärt. Eigentlich hätte C.C. jetzt mit dem Geld die nötigen Schiffe chartern können. Aber es kam (wieder mal) ganz anders. Das Herrscherpaar schenkte ihm die „Flotte" sozusagen zwangsweise.
Eine völlig verrückte Geschichte, die Vicente Yánez, der Kapitän der „Niña", wahrscheinlich oft und gern in den Kneipen von Palos erzählt hat.

Kapitel 19
Zwei Schiffe als Strafe

Zwei Schiffe als Strafe

Es war schon seltsam, was sich im Jahre des Herrn 1492 in unserem Dorf Palos de la Frontera zwischen Mai und Juli zutrug.

Unser Schreiber erhielt ein königliches Dekret, welches er vor den Ältesten des Ortes verlas. Darin verlangte das Herrscherpaar, unser Dorf habe diesem verrückten Genueser zwei Schiffe für eine Expedition zur Verfügung zu stellen. Einfach so, ohne Gegenleistung.

Man hat uns nicht einmal gesagt, wohin genau die Reise gehen soll. Nur, dass der Herr Columbus absolute Befehlsgewalt habe.

Ausgerechnet der, wo doch jeder erwachsene Mann aus Palos mehr Zeit auf dem Meer verbracht hat als dieser eingebildete Italiener. Die letzten Jahre ist der doch nur um Königin Isabella herumscharwenzelt, um ihr diesen Floh mit der West-Passage nach Indien ins Ohr zu setzen.

Und warum um alles in der Welt müssen es gerade Schiffe aus Palos sein? Wir sind zwar das eine oder andere Mal beim Schmuggeln erwischt worden. Aber das ist noch lange kein Grund, uns so hart zu bestrafen. Alle Seeleute schmuggeln hin und wieder. Schließlich ist das die einzige Möglichkeit, vernünftig zu überleben.

Natürlich suchte sich dieser Columbus auch noch unsere besten Schiffe aus. Die „Pinta" des Alonso Pinzón und mein Schiff, die „Niña", die eigentlich dem Senior Juan Niño gehört. Zwei richtig schnelle Karavellen.

Zuerst haben die beiden Eigner protestiert und gotteslästerlich geflucht. Aber Befehl ist Befehl. Und den Majestäten zu widersprechen kann schnell den Kopf kosten.

Außerdem, was ist, wenn dieser Spinner am Ende Recht hat und statt in der Hölle tatsächlich in Indien ankommt? Da ist es sicher nicht falsch, wenn ein paar Seeleute aus Palos de la Frontera mit dabei sind.

Das Königshaus hat seinem neuen Admiral der Weltmeere sogar erlaubt

Mörder, Totschläger und sonstiges Gesindel aus dem Gefängnis zu holen und damit seine Schiffe zu bemannen.

Dann wollte dieser verrückte Kerl plötzlich noch ein drittes Schiff. Aber nicht mit uns! Zwei Schiffe als Strafe sind schon schlimm genug.

Ein Glück, dass diese fette Nao aus Galizien in unserem Hafen festgemacht hat. Ich weiß ja nicht, was Columbus dem Kapitän erzählt hat. Vielleicht hat er diesem „de la Cosa" halb Indien versprochen. Auf jeden Fall will der mit uns segeln und zehn seiner Männer auch.

Was das Schlimmste ist: Dieser Columbus hat das Schiff auch noch umgetauft – von „La Gallega" in „Santa Maria". Obgleich jeder ehrliche Seefahrer weiß, dass so etwas kein Glück bringt. Gut, soll er eben auf diesem lahmen Flaggschiff hinter unseren beiden Karavellen herschaukeln, er wird schon sehen, wer zuerst Land erblickt.

Natürlich ist diese Geschichte frei erfunden. Aber so ähnlich könnte sie Kapitän Yánez wirklich erzählt haben, wenn er abends in seiner Bodega mit seinen Freunden Rotwein trank und Karten spielte.

Sicher ist aber, dass er und Kapitän Pinzón nach langem Hin und Her das Kommando über die „Niña" und die „Pinta" übernahmen.

Und nachdem bekannt wurde, dass der hoch geachtete Martin Alonso Pinzón höchst persönlich an der Expedition teilnehmen würde, brauchte C.C. nicht mehr länger in den Gefängnissen nach einer Mannschaft zu suchen.

Nur die vier finsteren Gestalten, die er schon angeschleppt

„Columbus, der Entdecker der neuen Welt"
Aufbruch zur ersten Entdeckungsfahrt, Palos, 3. August 1492
(Kupferstich von Schleuen nach Daniel Chodowiecki, 1774)

hatte und von denen einer demnächst wegen Totschlags hingerichtet werden sollte, gingen mit an Bord. Der Rest waren ehrenwerte Männer aus Palos.

Als am Morgen des 3. August 1492 fast 80 Mann aus dem kleinen Dorf Palos die Glocke des Klosters La Rábida zu ihrem Abschied läuten hören, ist es fast windstill. Die Kapitäne befehlen ihren Mannschaften zu rudern.

Kapitel 19

Nachdem die Schiffe das offene Meer erreicht haben, lässt C.C. nicht sofort nach Westen segeln. Zunächst nimmt er Kurs auf die Kanaren.

Wäre das Ruder der „Santa Maria" gebrochen oder einer ihrer Masten ins Meer gefallen, es hätte keinen der Seeleute aus Palos gewundert. Doch dass ausgerechnet die „Pinta" schon auf dem ersten Teil der Reise in Schwierigkeiten gerät, deuten sie als schlechtes Zeichen.

Das Steuerruder reißt aus der Halterung und kann nur mit vielen Seilen notdürftig wieder befestigt werden.

Auch der Arzt der „Pinta" bekommt Arbeit, denn einem der Seeleute bohrt sich ein Holzsplitter fast ganz durch die Hand.

Kaum ist das angeschlagene Schiff wieder auf Kurs, beginnt Wasser in den Rumpf einzudringen. Die Mannschaft quält sich Tag und Nacht an den Lenzpumpen ab, um das Schiff nicht zu verlieren.

Der Admiral tobt auf dem obersten Deck seines Flaggschiffs. Er flucht wegen der Verzögerung. Aber es hilft nichts, die „Pinta" muss gründlich überholt werden. 14 Tage liegt sie im Hafen von Las Palmas, dann geht es endlich weiter.

Noch einmal bunkert die kleine Flotte Lebensmittel und Trinkwasser auf La Gomera. Da regiert Doña Beatriz, eine junge Witwe. Die Mannschaften munkeln, der Admiral hätte ein Verhältnis mit ihr. Aber das ist höchstwahrscheinlich dummes Geschwätz, denn C.C. will nur das eine: endlich nach Westen, und das so schnell wie möglich.

Mit an Bord: Miguel, 15 Jahre alt und Schiffsjunge. Sein Tagebuch gibt es natürlich nicht. Das haben wir auch erfunden, aber nicht alles, was drin steht, ist ausgedacht. Denn damals konnte man den Kurs wirklich nur nach den Sternen bestimmen. Und die Geschwindigkeit von Schiffen misst man auch heute noch in Knoten.

Kapitel 20
Die „goldene Scheibe"

Die „goldene Scheibe"

Aus dem Tagebuch des Schiffsjungen Miguel

Ich kann es immer noch nicht fassen. Ausgerechnet mich hat der Admiral gerufen und mir die Sache mit dem Nordstern erklärt. Aber eins nach dem anderen.

Gestern Abend stand ich hoch oben im Mastkorb Wache und starrte auf die endlose Wasserfläche. Die Sonne verschwand rot glühend in den Fluten und färbte die Wellen bis zum Horizont mit ihrem Licht. Ringsum Wasser, nirgendwo Land, nicht einmal eine kleine Insel. Viel schneller als in Spanien brach die Nacht herein und die ersten Sterne begannen zu funkeln.

Wie um alles in der Welt fand unser Admiral in dieser Wasserwüste den Weg?

Ich hatte José gefragt, aber der hatte mich nur ausgelacht: „Das wissen nur die hohen Herren, die Kapitäne und Admiräle. Und die behalten es für sich, sonst könnte ja jeder navigieren, du Dummkopf."

Wie jeden Abend kam unser Admiral gerade an Deck, stellte sich breitbeinig in die Mitte des Schiffs und schaute zum Himmel. Dann schlug er den Mantel zurück und holte eine große, goldglänzende Scheibe hervor.

Plötzlich bemerkte er, dass ich ihm vom Mastkorb aus zusah. Jetzt bricht das Donnerwetter über mich herein, dachte ich. Denn eigentlich sollte ich ja nach Land oder Hindernissen im Wasser Ausschau halten und nicht den Herrn Columbus anstarren. Schon gar nicht, wenn der mit dieser geheimnisvollen goldenen Scheibe herumhantierte.

Er winkte mir gebieterisch zu und ich machte mich so schnell ich konnte an den Abstieg über die Wanten des Großmastes. Meine Beine zitterten. Ich glaubte fest, dass der Admiral gleich den Bootsmann rufen würde, um mir eine gewaltige Tracht Prügel verpassen zu lassen.

Doch nichts dergleichen geschah. Stumm starrte der Admiral durch eine an

Kapitel 20

Die Erdkugel unterteilt in Breitengrade

der Scheibe angebrachte Zieleinrichtung auf einen Punkt am Himmel. Dann drehte er sich langsam zu mir um und fragte, ob ich es auch einmal versuchen wolle. „Was denn, Señor Admiral?" stotterte ich. „Na, den Polarstern anzupeilen. Du beobachtest mich doch schon lange!"

Ehe ich irgendetwas erwidern konnte, drückte er mir die Scheibe in die Hand. Sie ist übrigens nicht aus Gold, sondern aus Messing. Herr Columbus erklärte mir das Instrument ganz genau. Zum Glück hat mein Lehrer, Vater Domingo von den Dominikanern, mich das Lesen und Schreiben gelehrt. Jetzt kann ich alles, was unser Kapitän mir erklärt hat, in meinem Tagebuch notieren, damit ich nichts Wichtiges vergesse:

Die Sache mit dem Polarstern

Wenn ein Polarforscher am Nordpol steht, sieht er bei Dunkelheit genau über seinem Kopf, also bei 90 Grad, einen eher unauffälligen, kleinen Stern. Während alle anderen Sterne Kreise um ihn herum beschreiben, bleibt dieser Stern an seinem Platz.

Nun kann man den Polar- oder Nordstern aber nicht nur vom Pol aus sehen, sondern von jeder Stelle auf der nördlichen Halbkugel aus. Immer ist er genau im Norden zu finden. Wohnt man zum Beispiel in Mainz, misst man den Polarstern exakt bei 50 Grad. Die Stadt Mainz liegt nämlich genau auf dem 50. Breitengrad.

Wenn man den Polarstern auf 50 Grad sieht, heißt das aber nicht unbedingt, dass man in Mainz ist. Die Breitengrade führen natürlich um die gesamte Erde. Würde man zum Beispiel von Mainz aus immer genau auf dem 50. Breitengrad in Richtung Westen segeln, käme man irgendwann in Labrador an. Denn das liegt ein paar tausend Kilometer weit entfernt auf demselben Breitengrad.

„Der Herr, unser Gott, hat die Welt als Kugel geschaffen, Miguel. Stell dir nun vor, dass quer um die Oberfläche dieser Kugel lauter parallele Linien verlaufen. Auf jeder ordentlichen Seekarte sind diese gedachten Linien auch eingezeichnet.

Wenn du auf See einen bestimmten Hafen oder eine Insel ansteuern willst, benötigst du eine solche Seekarte. Du musst die Linie finden, auf der dein Ziel liegt, und dann in der richtigen Richtung auf ihr entlangsegeln. Das geht mithilfe dieser Scheibe auch in der Nacht und mitten auf dem Meer. Man braucht aber den wunderbaren Stern, den Polarstern, zur Orientierung.

Der Polar- oder Nordstern ist leicht zu finden, Miguel. Du musst nur das Sternbild des Großen Bären am Himmel suchen. Über ihm steht der Kleine Bär. Der leuchtende Stern an der Spitze des Kleinen Bären ist der, den du suchst.

Von der Erde aus gesehen, ist er der einzige Stern, der die ganze Nacht an seinem Platz bleibt. Alle anderen Sterne drehen sich um ihn.
Wenn du den Polarstern gefunden hast, weißt du genauer, als es der Kompass zeigt, wo Norden ist. Du brauchst nur auf ihn zu deuten und dein Arm weist nach Norden."
Dann zeigte er mir, wie ich die Messingscheibe halten und mit dem Visier den Polarstern anpeilen musste. Er nannte sie „Astrolabium" und erklärte mir, sie sei nichts weiter als eine drehbare Sternenkarte.

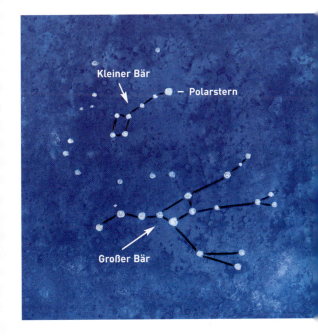

Das Sternbild des Großen und des Kleinen Bären mit dem Polarstern

Wir maßen vom Polarstern aus einen Winkel von genau 28 Grad bis zum Horizont. Das hieß, dass wir uns auf dem 28. Grad nördlicher Breite befanden. So jedenfalls nannte Herr Columbus die gedachte Linie, die wir ausgemessen hatten.
Und genau westlich auf dieser Linie, dem 28. Breitengrad, sei auch unser Ziel: Indien. Deshalb segelten wir auf dieser Line immer weiter nach Westen.

Kapitel 20

Und wie ging das bei Regen?

Schlechtes Wetter war zu C.C.'s Zeiten noch ein echtes Problem. Bei Sturm und Wolken hatten die alten Seefahrer keine Möglichkeit, sich an den Sternen oder der Sonne zu orientieren. Das mit dem Peilen auf See klappte damals sowieso nur, wenn das Schiff nicht zu wild schaukelte.

Aber nach einem Sturm fand man sich leicht einige Seemeilen neben dem Kurs wieder. Dann half nur eins: Die neue Position musste geschätzt oder – wie die Seefahrer heute sagen – gekoppelt werden. Dabei errechnete man den Weg, den das Schiff während des Sturms abgetrieben wurde, und stellte ihn in Zusammenhang mit der zuletzt gemessenen Position.

Darin war C.C. offensichtlich ein Meister. „Er richtete sich weniger nach Sternen und Sonne", berichtet sein Sohn, „sondern nach seinem Gefühl und nach der Geschwindigkeit, mit der eine Schnur abgespult wurde, in die in gleichen Abständen Knoten geknüpft waren." Sie war an einem Stück Holz als schwimmender Treibanker befestigt, das der Schiffsjunge über Bord warf. Während das Schiff weitersegelte, ließ der Schiffsjunge die Schnur nach und nach ins Wasser und zählte dabei die Knoten, die über eine Rolle in seinen Händen liefen. Mit einer Sanduhr maß er dabei die Zeit. Wenn ihm in einer bestimmten Zeit zehn Knoten über die Rolle gelaufen waren, dann machte das Schiff zehn Knoten Fahrt.

War die Schnur komplett abgespult, holte der Schiffsjunge sie samt Holz wieder ein. Und wenn der Kapitän es befahl, begann er die Messung von neuem. So wurde ständig, auch ohne Sturm, die Fahrt des Schiffs überprüft. (Noch heute bedeutet in der Seefahrt ein „Knoten" eine „Seemeile pro Stunde".)

Wenn die Seeleute auch noch wussten, wie lange sie in der ermittelten Geschwindigkeit unterwegs gewesen waren, konnten sie die Fahrzeit mit der Geschwindigkeit multiplizieren. Dann wussten sie, wie weit sie

---

Das Astrolabium

Ein Astrolabium besteht aus mindestens zwei übereinander liegenden Messingscheiben. Auf der unteren ist der Sternenhimmel (ohne die Planeten) eingraviert. Auf der drehbaren Scheibe, die darüber liegt, sind – meist sehr kunstvoll – die Gradeinteilungen angebracht. Um die untere Scheibe mit dem Abbild des Sternenhimmels sehen zu können, ist die obere Scheibe durchbrochen.

Zur Zeit des C.C. wurden Astrolabien vorwiegend in Arabien hergestellt. Mit ihrer Hilfe kann man unter anderem die Höhe des Polarsterns über dem Horizont auf einem bestimmten Breitengrad zu einer bestimmten Zeit ablesen.

Hat man nun den Polarstern erkannt und peilt dessen Höhe über dem Horizont an, so kann man aus den unterschiedlichen Winkeln der Anzeige des Astrolabiums und des tatsächlich gemessenen Höhenwinkels den Breitengrad berechnen, auf dem man sich befindet.

Das hört sich komplizierter an, als es ist. Wer sich dafür interessiert, der besorgt sich am besten eine drehbare Sternenkarte. Die funktioniert genau so wie ein Astrolabium.

von der letzten Position, die sie noch bei klarem Himmel bestimmt hatten, entfernt waren. Beobachteten sie während der Reise zusätzlich den (damals nicht sehr genauen) Kompass, kannten sie auch die Bewegungsrichtung und konnten die ermittelte Route auf einer Seekarte einzeichnen: Die neue Position war somit „gekoppelt".

Ja, man musste damals auf See eine Menge wissen – nicht nur als Kapitän. Heute hilft den Seefahrern ein raffiniertes Satellitensystem. Das gehört den Amerikanern. Die könnten es aber, wenn sie wollten, einfach ausschalten. Außerdem kann es ja auch kaputtgehen. Darum lernt jeder Kapitän auf großer Fahrt auch heute noch, wie er seinen Weg mithilfe der Sonne und der Sterne finden kann.
Jetzt kehren wir aber schnell zurück an Bord der „Santa Maria". Es ist der 7. September 1492.

Kapitel 21
Immer den Vögeln nach

Immer den Vögeln nach

Am 7. September 1492 geht die Reise richtig los. Die „Pinta" und die „Niña" verlassen unter der Führung ihres Flaggschiffs, der „Santa Maria", die Insel La Gomera. Drei Tage lang dümpeln die völlig überladenen Schiffe träge in der Dünung.

Am 10. September 1492 trägt C.C. in sein Schiffstagebuch ein: „Jetzt versinkt die „Alte Welt" hinter uns am Horizont."

Am 14. September 1492 schreibt er, einige Seeleute der „Niña" hätten einen Tölpel (einen tropischen Vogel) gesehen. Tölpel sind Vögel, die sich nur wenige Kilometer vom Land entfernen.

Am 16. September 1492 entdeckt jemand „Grashalme" auf den Wellen. Aber dahinter versteckt sich kein Land, sondern die Sargassosee. Das ist ein Meeresbecken im Atlantik mit besonders warmem Wasser, in dem sich viele Algen bilden. (Die Seeleute des C.C. entdeckten also kein Gras, sondern Algen auf der Wasseroberfläche.)

Am 18. September 1492 meldet Kapitän Pinzón einen Vogelschwarm, der nach Westen fliegt. Im Norden ziehen Wolken auf – normalerweise ein untrügliches Zeichen für die Nähe von Land. Aber in Wirklichkeit ist C.C. mit seinen Schiffen noch mehr als 800 Meilen von der nächsten Küste entfernt. Dazwischen ist nichts als der Atlantische Ozean.

Am 28. September 1492 sind sie drei Wochen auf hoher See. Länger als jeder andere Seemann zuvor. Die Unruhe in der Mannschaft wächst. Ist man möglicherweise schon längst an Indien vorbeigesegelt?

Später schreibt C.C.'s Sohn Fernando, die Männer hätten Angst gehabt, diese neue Welt bestünde womöglich aus zwei Inseln und sie seien längst dazwischen hindurchgefahren, ohne es zu merken. Deshalb sollte der Admiral den Kurs ändern. C.C. bleibt standhaft und segelt weiter mit „seinem" guten Wind nach

Westen. Denn er fürchtet sich lächerlich zu machen, wenn er orientierungslos hin und her kreuzt. Schließlich hat er vor der Abfahrt behauptet den Weg ganz genau zu kennen.
Aber die Lage wird immer angespannter. Die Mannschaften der drei Schiffe stehen kurz vor der Meuterei. Keiner weiß, was ihnen die Reise ins Unbekannte bringen wird. Den Abgrund der Welt? Gewaltige Seeungeheuer oder einfach den Tod durch Verhungern und Verdursten?
Am 6. Oktober 1492 protestiert der Kapitän der „Pinta", Martin Alonso Pinzón, ganz offen. Nach seinen Berechnungen müsste die Flotte unbedingt nach Süden halten.
Heute weiß man, dass er Recht hatte. Wäre C.C. auf seinem Kurs immer weiter westwärts gesegelt, wäre er irgendwann vor dem heutigen Florida in den Golfstrom geraten, der die kleinen Schiffe höchstwahrscheinlich mit sich zurück nach Spanien gerissen hätte.
Doch C.C. bleibt stur. Von Pinzón lässt er sich nichts vorschreiben. Zwei Tage später dreht er aber doch nach Süden ab. Er hat Vogelschwärme gesehen, die in diese Richtung fliegen. Das ist seine Chance, einen neuen Kurs abzustecken, ohne sein Gesicht vor der Mannschaft zu verlieren. Jetzt macht er es genau wie die Portugiesen bei vielen ihrer großen Entdeckungen. Er folgt dem Zug der Vögel!

Noch immer ist kein Land in Sicht. Am 10. Oktober 1492 findet eine „Krisensitzung" an Bord der „Santa Maria" statt. Die Kapitäne kommen zusammen, um zu beraten, ob man tatsächlich weitersegeln oder einfach umkehren solle. Über dieses Gespräch gibt es zwei ganz unterschiedliche Berichte.
In dem einen steht, C.C. sei wankelmütig geworden und wollte unbedingt umkehren.
In dem anderen ist es C.C., der „Adelante, adelante!" (vorwärts, vorwärts) ruft, während die anderen Kapitäne zurück nach Spanien wollen.
Was stimmt, weiß bis heute keiner.
Wahrscheinlicher ist aber, dass C.C. die Reise fortsetzen wollte und Pinzón und Yánez ihre Version des „Krisengesprächs" erst nach der glücklichen Rückkehr verbreitet haben, um sich als die wahren Entdecker der „Neuen Welt" feiern zu lassen.
Dann kommt die Nacht zum 12. Oktober.

> **Kapitel 22**
> **Land in Sicht**

Land in Sicht

Am 11. Oktober abends gegen 22 Uhr steht C.C. auf dem Achterdeck. Plötzlich bemerkt er ein kleines Licht, das sich bewegt. Das könnte ein Feuer sein? Und wo Feuer ist, muss auch Land sein. C.C. ist am Ziel. Er ist der Erste, der die „Neue Welt" sieht. So schreibt er es in sein Logbuch und so wird er es seinen Leuten erzählen, weil er sie, wie er sagt, nicht noch mehr verunsichern wollte, nachdem es in den letzten Tagen schon die eine oder andere „Fata Morgana" gegeben hatte. Doch diese Geschichte ist sehr unwahrscheinlich.

Kluge Leute heute haben nämlich ausgerechnet, dass die „Santa Maria" zu diesem Zeitpunkt noch mindestens 35 Seemeilen von der Küste entfernt gewesen sein muss. Und so weit kann keiner schauen, auch der tollste Admiral nicht.

Es gibt zwei Möglichkeiten:

Entweder C.C. hat sich das Feuer eingebildet oder er hat ganz bewusst gelogen, weil er unbedingt der Erste sein wollte, der die „Neue Welt" sieht.

Möglich ist aber auch, dass er die Belohnung von 10.000 Maravedis sparen wollte, die er selbst für den ersten „Landendecker" ausgesetzt hatte. Und die er tatsächlich nie gezahlt hat.

Denn das war C.C. auch: ein verdammt geiziger Hund, der keinem anderen was gönnte!!!

Kapitel 22

Zurück zur wirklichen Wahrheit:
Am Freitag, den 12. Oktober gegen zwei Uhr morgens entdeckt der Matrose Juan Bermejo, auf der weit voraussegelnden schnelleren „Pinta", etwas Helles im Mondlicht. Als sie dichter heranfahren, sieht er: Das Helle ist Brandung, das Dunkle dazwischen ein Riff, hinter dem weiße Klippen aufragen.
Der Matrose schreit: „Tierra!" – Land!
Kapitän Pinzón erkennt sofort, dass es diesmal kein Irrtum ist, und lässt einen Kanonenschuss abfeuern, das vereinbarte Zeichen.
Alle wollen nach dieser endlos langen Reise an Land. Aber C.C. hält seine Mannschaften zurück. Er will jetzt keinen Fehler machen. Wer weiß, was sie dort in der unbekannten Welt erwartet? Die ganze Nacht kreuzen sie vor der Küste hin und her und warten auf den Morgen. C.C. ist überglücklich. Sein Plan scheint aufgegangen zu sein.
Aber glaubt er wirklich, vor ihm liege das geheimnisumwobene Indien mit seinen sagenhaften Schätzen? Oder ist ihm in diesem Augenblick längst klar, dass dies der unbekannte Kontinent ist, von dem er in Irland und auf Island gehört hat? Bis heute weiß das niemand! Denn seine Tagebücher geben keinen Hinweis darauf. Er spricht auch niemals darüber. Und dass C.C. schweigen kann, das wissen wir. Davon zeugt sein wohl gehütetes Geheimnis der Passatwinde.
Vermutlich denkt er jetzt aber an seine Auftraggeber, die seine Reise bezahlt haben und auf ihren Gewinn warten: Königin Isabella auf die Eroberung neuer Provinzen und die Verbreitung des Christentums. Der Sklavenhändler Berardi auf viele billige Sklaven. Und Luis de Santangel und seine Kaufmannsfreunde auf jede Menge Gold und Gewürze und vielleicht auf die Nachricht, dass das entdeckte Land eine neue Heimat für die Juden werden könnte.
Dann lässt C.C. die Mannschaft für den ersten Landgang zusammenstellen. Und ein Traum wird wahr: Der Schiffsjunge Miguel darf dabei sein.

**Kapitel 23
Ein kleiner Schritt
für Miguel ...**

Ein kleiner Schritt für Miguel – ein großer für die Menschheit

Aus dem Tagebuch des Schiffsjungen Miguel

Die halbe Nacht habe ich mit den anderen Seeleuten an der Reling gestanden und nach Indien hinübergestarrt. Noch konnten wir die goldenen Dächer nicht erkennen, aber vielleicht liegen die Paläste ja tief im Landesinneren.
Endlich schob sich die Sonne über den Horizont und ihre Strahlen erhellten eine Küste von traumhafter Schönheit. Viele Menschen drängten sich am Strand und starrten uns und unsere Schiffe genauso neugierig an wie wir sie. Wir ankerten außerhalb des Riffgürtels in leuchtend blauem Wasser. Näher zum Land hin schimmerte das Meer so grün wie ein Edelstein.
Die Männer an Bord standen bereit in ihren glänzenden Harnischen, mit schussbereiten Musketen in den Händen. Am Heck unseres Schiffs flatterte die Fahne mit den Kanonen und dem grünen Kreuz im Morgenwind.
Ich konnte mein Glück kaum fassen, als mich einer der Offiziere an Bord unseres Beiboots winkte. Schnell drängte ich mich durch die bewaffneten Männer, schwang mich ins Boot und setze ich mich auf die Ruderbank. So ruderten wir durch die Brandung und brachten das Beiboot sicher an Land. Auch die Beiboote der „Niña" und der „Pinta" waren zu Wasser gelassen worden und näherten sich dem Strand.
Die Inder, die sich zu unserer Begrüßung am Strand eingefunden hatten, waren fast völlig nackt. Auch die Frauen. Sie schienen keinerlei Schamgefühl zu kennen. Vielleicht waren sie aber auch nur zu arm, um sich Kleider kaufen zu können. Ich senkte den Blick zum weißen Sand des Strandes, denn ich hatte in meinem ganzen Leben noch keine nackte Frau gesehen. Doch es half mir nichts. Nach einiger Zeit kamen diese Menschen näher und näher. Sie berührten uns, erst schüchtern, dann zunehmend mutiger. Dabei schnatterten sie unaufhörlich in einer völlig fremden Sprache. Nicht einmal unser

Kapitel 23

Dolmetscher konnte sie verstehen, obgleich er das Hebräische und das Arabische so gut beherrscht, als ob er in diesen Ländern geboren wäre.

Der Admiral kniete nieder und küsste die fremde Erde. Dann taufte er die Insel auf den Namen Hispaniola und nahm sie für die spanische Krone in Besitz.

Den Ort, am dem wir zum ersten Mal das neue Land betreten haben, nannte er San Salvador.

Den Indern schien es nichts auszumachen, dass ihr Land nun für alle Zeiten Spanien gehören sollte. Sie lachten, palaverten und freuten sich über die Glasperlen und Falkenglöckchen, die wir ihnen mitgebracht hatten. Zum Tausch brachten sie uns Papageien, Knäuel aus Baumwollfäden und Wurfspieße mit Spitzen aus Fischzähnen.

Wir waren auf einer Insel mit reichlich Süßwasser gelandet. Unbekannte Früchte wuchsen in Hülle und Fülle, obgleich es schon Mitte Herbst war. Das Meer wimmelte von Fischen und anderem essbaren Getier. So hatte ich mir immer den Garten Eden vorgestellt. Und waren nicht auch Adam und Eva bis zum Sündenfall nackt gewesen?

> Bis heute ist umstritten, wo genau C.C. mit seiner Flotte zuerst gelandet ist. War es doch nicht San Salvador, sondern Watling Island oder Grand Turk Island? Für jeden Ort gibt es gute Gründe. Am wahrscheinlichsten ist jedoch San Salvador auf der Insel Hispaniola.

Aber wo waren die prunkvollen Paläste, von denen unser Steuermann immer gesprochen hatte? Und wieso verstand keiner dieser fremden Menschen auch nur ein Wort unserer Sprache? Ob sie sich verstellten, weil sie ahnten, dass wir ihr Gold nach Spanien bringen wollten? Oder sind wir vielleicht gar nicht auf einer indischen Insel, sondern irgendwo ganz anders gelandet?

Aber das darf ich nicht einmal denken. Ich bin nur Miguel, der Schiffsjunge. Was weiß ich schon von der Welt. Wenn Columbus glaubt, dies sei das Ziel der Reise, wer bin ich, dass ich daran zweifeln darf?

So etwa hätte der Schiffsjunge Miguel seine ersten Schritte auf dem geheimnisumwobenen neuen Land beschreiben können. Sein Tagebuch gibt es nicht, dafür aber das von C.C. Und da steht an diesem 12. Oktober 1492 noch eine Menge mehr: beispielsweise, dass einige der „Inder" rot, weiß und schwarz angemalt sind. Dass sie keine Waffen tragen, hellbraune Haut haben, von großer Statur sind und sehr schnell nachsprechen können, was die Spanier ihnen vorsagen. C.C. erzählt

Kapitel 23

auch von Booten – aus einem Baumstamm gehauen –, in denen 40 Männer Platz finden können. Und er beendet seinen Tagesbericht mit dem Satz „Sie sind so unerfahren im Gebrauch von Waffen, dass man sie mit 50 Mann alle unterwerfen und zwingen kann zu tun, was man will".

Genau das ist auch die Absicht der goldgierigen Spanier.

**Die erste Landung des Columbus
(Holzschnitt, 1495)**

**Kapitel 24
Auf der Jagd nach Gold**

Auf der Jagd nach Gold

Auf der Suche nach dem Gold, das er dem spanischen Königspaar versprochen hat, segelt C.C. von Insel zu Insel. Aber er findet nur ganz wenig von dem begehrten Edelmetall. Immer wieder fragen die Seefahrer die „Inder" danach. Die Eingeborenen verstehen die Fremden nicht – oder sie wollen sie nicht verstehen, das ist heute nicht mehr herauszufinden. Sicher ist nur: Die Eroberer werden von einer Insel zur nächsten geschickt.

Im November 1492 erreicht die kleine Flotte Kuba. C.C.'s Sohn Fernando schreibt später, dass der Admiral nun meint am eigentlichen Ziel zu sein und diese Insel für Indien hält. Ob C.C. dies tatsächlich glaubt oder es seinem Sohn nur so diktiert, wissen wir nicht.

> **Wo sind die Seekarten des C.C.?**
>
> Jahrhundertelang suchte man vergeblich nach den Karten, die C.C. auf seinen Reisen angefertigt hat. 1929 fand sich in der Türkei (im Topkapi-Palast) eine Weltkarte aus dem Jahr 1513 – gezeichnet von einem osmanischen Admiral namens Piri Reis. Auf der Karte sind die meisten Teile der Erde – aus heutiger Sicht – falsch eingezeichnet. Einiges ist aber erstaunlich korrekt, vor allem was die Inseln der Karibik betrifft. Das Interessanteste aber ist die Quellenangabe, also der Hinweis, woher Piri Reis seine Informationen bekommen hatte. Dort steht: Ein gewisser Colombo, ein Ungläubiger, habe diese Orte (in der „Neuen Welt") entdeckt. Das habe er (Piri Reis) von einem spanischen Sklaven erfahren, der drei Mal mit diesem Colombo auf Reisen gewesen sei.
>
> Und noch etwas hat der osmanische Admiral auf seiner Karte vermerkt: Die Namen, mit denen die Orte und Inseln bezeichnet sind, habe dieser Colombo ihnen gegeben. Alle seine Angaben habe er der (Original?-)Karte des Colombo entnommen.

Mit den Bewohnern Kubas ist die Verständigung ebenfalls schwierig. Einmal ist von den Canibas die Rede, einem Volk, das vom Festland kommt und Menschen verschleppt, um sie zu verspeisen. Canibas sind Kannibalen.

C.C. aber versteht nur „Khan" und lässt eine Expedition vorbereiten. Sollte der „große Khan", von dem Marco Polo berichtet

Kapitel 24

hat, wirklich hier leben, dann müsste es hier auch das ersehnte Gold geben.

Natürlich findet C.C. auf Kuba weder den „großen Khan" noch Gold, nur ärmliche Dörfer inmitten von Kokospalmen. Ganz nebenbei entdeckt er allerdings etwas, das Jahrhunderte später der Zigarettenindustrie viele Milliarden einbringen wird: Die Einheimischen rauchen Tabak. C.C. lässt so viele exotische Pflanzen einsammeln wie möglich. Aber die werden seine Auftraggeber nicht besonders interessieren. Deshalb fängt er ein paar Sklaven ein und lässt sie an Bord bringen.

Plötzlich verschwindet die „Pinta" samt Kapitän und Mannschaft – ohne sich abzumelden. C.C. scheint nicht im Geringsten beunruhigt, er segelt mit der „Santa Maria" und der „Niña" weiter von Insel zu Insel, immer auf der Suche nach Gold.

Erst eine Woche später gibt er den Befehl umzukehren. Er will zurück. Dahin, wo er zuerst gelandet ist, nach San Salvador auf der Insel Hispaniola.

Darstellung der Indianer als Menschenfresser (Holzschnitt, 1493)

Inzwischen ist es Mitte Dezember. Außer den wenigen Sklaven und ein paar kleinen Goldstücken, die ihnen ein Häuptling bei einem Fest geschenkt hat, haben sie nichts erbeuten können. So können die Eroberer eigentlich nicht nach Spanien zurückkehren. Aber C.C. weiß, er kann nicht mehr lange warten, will er den günstigen Wind weiter oben im Norden noch erwischen, mit dessen Hilfe er seine kleine Flotte heil nach Europa zurückbringen kann.

Am 24. Dezember 1492 geraten die „Santa Maria" und die „Niña" in eine Windstille. Sie dümpeln vor sich hin, die Besatzung ist müde. Vielleicht haben sie auch schon ihre Weihnachtsration an Wein und Schnaps bekommen. Alle schlafen ein. Keiner auf der „Santa Maria" sieht das Unglück kommen. Später schreibt C.C. in sein Bordbuch, dass in diesem schrecklichen Augenblick ein Schiffsjunge am Ruder stand. Vielleicht war das ja unser Miguel.

Kapitel 25
Wie der Schiffsjunge Miguel am 24.12.1492 die „Santa Maria" versenkte

Wie der Schiffsjunge Miguel am 24. Dezember 1492 die „Santa Maria" versenkte

Aus dem Tagebuch des Schiffsjungen Miguel

Seit einer Woche habe ich Feder und Papier nicht mehr angefasst. Zu sehr bedrückt mich noch immer, was sich an diesem Heiligen Abend des Jahres unseres Herrn 1492 zutrug: Unser stolzes Flaggschiff, die „Santa Maria", ging verloren! Aber ich will der Reihe nach berichten.

Zur Feier des Weihnachtsabends hatte unser Admiral ein Fass Wein öffnen lassen und eine Runde Schnaps freigegeben. Eine leichte Brise trieb das Schiff schleppend voran. Die meisten der Männer schliefen. Wahrscheinlich waren sie in ihren Träumen weit fort, in der fernen Heimat – besonders an diesem Tag. Denn einige litten sehr unter Heimweh. Und wenngleich die Welt hier voller sonderbarer Wesen und Dinge ist, beschlich auch mich an diesem Abend die Sehnsucht nach den Gassen von Palos. Durch den Wind klang, so glaubte ich, der weihnachtliche Gesang der Mönche des Klosters an mein Ohr.

Der Steuermann hatte mir das Ruder überlassen. Ich stand da, lauschte in die Nacht und wartete auf seine Befehle. Aber da war nichts zu hören. Kein „hart Steuerbord" oder „Ruder an Backbord" klang vom Achterdeck zu mir herunter. Also hielt ich das Ruder mittschiffs und hing meinen Gedanken nach.

Plötzlich ertönte ein unbeschreibliches Knirschen, das mir jetzt noch in den Knochen sitzt. Das stolze Schiff schwankte hin und her. Dann saß es fest. Wir waren auf eine Sandbank geraten.

Sekunden später waren alle wach. Der Steuermann stürzte sich auf mich, riss mir das Steuerruder aus der Hand. Der Anker rauschte ins Wasser. Zu spät, das zerstörerische Knirschen wurde lauter und lauter und übertönte fast die Befehle unserer Offiziere.

Kapitel 25

Für einen winzigen Augenblick herrschte Stille. Die Wellen schlugen gegen den bewegungsunfähig gewordenen Rumpf. Dann begann das Wasser ins Schiff zu strömen. Da half kein Pumpen und kein Jammern, das Schiff war verloren. Es musste aufgegeben werden.

Was würde nun aus mir? Immerhin hatte ich am Ruder gestanden. Aber niemand kümmerte sich um mich. Jeder war damit beschäftigt, zu retten, was zu retten war. Wir mussten so schnell wie möglich von Bord. Und alles, was irgendwie brauchbar war, auch.

Die Einheimischen hatten unsere Katastrophe vom Land aus beobachtet. Zu meiner Überraschung schickte der Häuptling sofort einige seiner größeren Kanus, um uns zu helfen. Mithilfe dieser freundlichen Menschen gelang es uns, den größten Teil unserer Habe zu retten. Vor allem die Kanonen und das Pulver.

Da die „Pinta" immer noch verschollen war, blieb für die Rückkehr nach Spanien nur noch ein Schiff übrig. Aber auf der „Niña" würden nicht alle Männer Platz finden. Nicht einmal, wenn wir die Inder zurückließen, die wir gefangen hatten.

Da machte der freundliche Häuptling mit dem unaussprechlichen Namen Guacanagari unserem Admiral ein großzügiges Angebot: Wenn er wolle, könne er gern einige Seeleute auf der Insel lassen. Vermutlich hatte er dabei ein paar Hintergedanken. Denn sein Stamm lebte in einem endlosen Krieg mit dem Nachbarvolk, den er mithilfe unserer Kanonen wohl schnell für sich entscheiden wollte.

Columbus nahm die Einladung an und die Überreste der „Santa Maria" wurden mit den Kanus an Land gebracht. Daraus bauten unsere Schiffszimmerleute eine Festung. Der Admiral nannte sie „La Navidad". Zwei Tage wartete er noch, ob die „Pinta" wieder auftauchen würde. Dann mussten wir uns entscheiden, wer mit der „Niña" in die Heimat fährt und wer freiwillig in der Festung bleiben wollte. Lange habe ich überlegt, aber dann war mein Heimweh stärker.

Die Insel Hispaniola im Jahr 1493 (Holzschnitt, 1493)

So in etwa muss die Geschichte damals vor Hispaniola beim Ende der „Santa Maria" abgelaufen sein.

Natürlich verspricht der Admiral den Zurückbleibenden, so bald wie möglich wiederzukommen und die Dinge mitzubringen, die sie bei ihm bestellt haben. Allerdings weiß er nicht, ob und wann er dieses Versprechen einhalten kann. Und erst recht nicht, ob er mit der absolut überladenen „Niña" heil zurück nach Spanien kommen wird.

Topographische Darstellung der von Columbus entdeckten Inseln (Holzschnitt, 1493)

Kapitel 26
Das Duell der Kapitäne

Das Duell der Kapitäne

Es gibt genug Freiwillige, die in der neuen Festung „La Navidad" bleiben möchten. Das Gold, das irgendwo in den Bergen zu finden sein soll, lockt die Männer. Und auch die schönen Frauen, die fast nackt herumlaufen.
C.C. übergibt das Kommando in „La Navidad" an Diego de Arana. Dann beginnen die Abschiedsfeiern – ohne Kapitän Pinzón. Der hat sich noch nicht wieder blicken lassen.
Die „Niña" wird mit Lebensmitteln beladen; einige „Sklaven" werden ebenfalls an Bord gebracht und das wenige Gold, das sie gefunden haben. Die Mannschaft setzt die Segel. Das Schiff liegt tief im Wasser. Viel mehr hätten sie nicht mitnehmen dürfen. Lange winken die Zurückgelassenen ihnen nach.
Die „Niña" ist schon zwei Tage auf See, da tauchen plötzlich Segel am Horizont auf. Es ist die „Pinta". Kapitän Pinzón kommt an Bord und erklärt C.C., warum er so lange verschwunden war. Er sei abgetrieben worden. Aber er habe das „Unglück" genutzt, um von Insel zu Insel zu segeln und Gold zu suchen. Und er sei erfolgreich gewesen, sogar sehr erfolgreich!
C.C. möchte das Gold auf das neue Flaggschiff, die „Niña", umladen. Aber Pinzón weigert sich. Der Admiral will es nicht auf eine Kraftprobe ankommen lassen. Also gibt er nach.
Allerdings segelt er, so schnell er kann, zu der von Pinzón beschriebenen Insel. Der Kapitän der „Pinta" hat nicht gelogen. Hier gibt es tatsächlich jede Menge Goldkörner in einem Fluss, der ins Meer mündet. Das reicht C.C. als Beweis. Sofort dreht er um und jagt der „Pinta" nach. Pinzón darf auf keinen Fall vor ihm Spanien erreichen. Doch Pinzón wartet auf C.C. Allein scheint ihm die Reise über den Atlantik zu gefährlich. Außerdem ist C.C. noch immer sein „Kommandeur". Und eine Weiterfahrt ohne Befehl käme einer Meuterei gleich.

Gemeinsam segeln sie Richtung Norden, weil es sinnlos ist, gegen den starken Passatwind anzukreuzen. Dann nordöstlich. Ende Januar dreht der Wind, er kommt jetzt von Westen.
Aber C.C. hält weiter Kurs Nordost. So lange, bis er sieht, dass der Polarstern genauso hoch über dem Horizont steht wie in Palos, dem Heimathafen in Spanien.
(Das Zeichen für ihn, dass sich „Pinta" und „Niña" in diesem Augenblick ziemlich genau auf demselben Breitengrad wie Palos befinden.)
Dabei benutzt C.C. – wegen des hohen Seegangs – keinerlei Messinstrumente! So berichtet zumindest der Biograf und Mitreisende Bartholome de las Casas.

Am 4. Februar 1493 gibt C.C. endlich den Befehl, vor den Wind zu drehen – Kurs Ost, Richtung Spanien. Und er behält Recht! Die Passatwinde des Atlantischen Ozeans wehen zuverlässig seit tausenden von Jahren. Doch C.C. ist der Erste, der diese Tatsache erkannt hat und für seine Entdeckungsreise nutzt. Vermutlich bringt ihm das den Ruf ein, er könne „mit dem Hintern" sein Ziel ansteuern und erreichen.
Am 12. Februar 1492 geraten die Schiffe in einen gewaltigen Sturm. Der Orkan ist so mächtig, dass keiner der Seeleute glaubt, sie könnten ihn überleben. Wieder wird die „Pinta" abgetrieben.
C.C. macht sein Testament und wirft es in einem fest verschlossenen Fass in die riesigen Wellen.

Der Sturm wird schwächer, aber die „Pinta" bleibt verschwunden.
Drei Tage später erreicht die „Niña" die Inselgruppe der Azoren. C.C. lässt vor der Insel Santa Maria ankern, um der Jungfrau Maria – wie im Sturm geschworen – für die wundersame Rettung zu danken. Kaum verlassen C.C. und seine Männer die Kirche, werden sie vom Verwalter der Insel festgenommen. Santa Maria ist nämlich portugiesisch und es hat sich sofort herumgesprochen, dass C.C. für Spanien den Seeweg nach Indien entdeckt haben will. Den beanspruchen die Portugiesen aber seit Jahren für sich – allerdings auf der Ost-Route um die afrikanische Küste herum.
Der Verwalter der Insel verdächtigt C.C., die Rechte der Portugiesen zu Gunsten des spanischen Königspaars verletzt zu ha-

Kapitel 26

ben. Irgendwie gelingt es C.C., ihn zu überzeugen, dass er nicht nach Süden in Richtung Afrika, sondern nach Westen gesegelt ist. Die spanischen Entdecker werden wieder auf freien Fuß gesetzt.

Der nächste Sturm zerfetzt die Segel der „Niña" endgültig.
Man muss sich treiben lassen und landet ausgerechnet ... in der Hauptstadt Portugals, in Lissabon. Sofort legt sich ein Kriegsschiff neben die „Niña". C.C. wird zu König Johann II. gebracht. Die beiden kennen sich gut. Schließlich hat der portugiesische Herrscher vor wenigen Jahren die Pläne des Entdeckers abgelehnt.
Der Admiral muss dem König ausführlich von der „Neuen Welt" berichten. Wieder hört er den Vorwurf, um den afrikanischen Kontinent herum und damit durch das Hoheitsgebiet der Portugiesen nach Indien gesegelt zu sein. Erst als C.C. die mitgebrachten „Eingeborenen" vorführt, gibt Johann II. nach. Diese „Inder" sehen wirklich nicht wie „Afrikaner" aus. Spätestens jetzt wird dem portugiesischen König klar, welch ein Fehler es gewesen ist, C.C. damals abgewiesen zu haben.

C.C. darf nach Spanien weitersegeln. Nach genau 224 Tagen, am 15. März 1493, läuft die „Niña" wieder in Palos ein. Und – große Überraschung – ein paar Stunden später legt auch die „Pinta" in ihrem Heimathafen an. Der gewaltige Sturm hatte sie weit nach Norden abgetrieben.
Kaum im Hafen, schreibt Kapitän Pinzón einen Brief an Königin Isabella. Er will den Wettlauf mit C.C. unbedingt gewinnen und vor ihm bei Hof erscheinen, um der Königin von „seinen" Entdeckungen zu berichten. Schließlich liegt auch das Gold auf seinem Schiff!
Doch Isabella will ihn nicht sehen.
Warum, weiß bis heute niemand.
Der Schluss des Duells der beiden Kapitäne liest sich wie ein Krimi.
Obwohl die „Pinta" und die „Niña" Seite an Seite im Hafen von Palos liegen, begegnen sich Pinzón und C.C. nie wieder.
Pinzón zieht sich in sein Haus ganz in der Nähe zurück ... und stirbt. Niemand weiß, woran.
Und niemand weiß auch, ob dabei nicht ein gewisser Don Cristóbal Colón, „Admiral des Ozeans" und „Vizekönig von Indien" seine Hände mit im Spiel hatte.

Kapitel 27
Der große Triumph

Der große Triumph

Columbus' Einzug in Barcelona nach seiner ersten Rückkehr (Farblithografie nach einer Zeichnung von August C. Haun, 1866)

Isabella und Ferdinand haben tatsächlich Wort gehalten. C.C. erhält alle Titel, die er vor seiner Abreise verlangt hat, und auch die versprochenen 10 % von allen Schätzen der „Neuen Welt". Von den mitgebrachten Sklaven haben allerdings nur wenige die strapaziöse Reise unter Deck überlebt.
Drei Monate fährt C.C. durchs Land. Besucht seine Söhne. Ist Gast des Königspaars auf verschiedenen Schlössern. Schneidet mächtig auf! Erzählt die tollsten Geschichten über die „Neue

Kapitel 27

Welt". Dort sei das „irdische Paradies" mit Bergen von Gold und Gewürzen und den schönsten und stärksten Sklaven, die man sich nur vorstellen kann. Überall wird C.C. stürmisch umjubelt. Jetzt ist er ein nationaler Held!

Sogar neue Kleider hat er sich gekauft, berichtet sein Biograf: „Mit seinen wallenden Umhängen und dem langen grauen Haar sieht er aus wie ein römischer Senator."

C.C. hat die in der Festung „La Navidad" Zurückgelassenen nicht vergessen. Bald plant er eine neue Reise in das „Land des Goldes und der Sklaven". Mit mehr als 1.000 Männern will er „Indien" (oder diesen von ihm neu entdeckten Kontinent!) endgültig für die spanische Krone – und für sich – erobern, bevor andere auf seiner Route dorthin segeln. Noch weiß er nicht, was ihn dort erwartet und dass er eines Tages in Ketten nach Spanien zurückkehren wird. Davon und von seiner geheimnisvollen fünften Reise, die 394 Jahre dauerte, erzählen wir im vierten und letzten Teil.

Das Ei des Columbus

Nachdem C.C. im Hause eines Kardinals wieder einmal von seiner abenteuerlichen Fahrt erzählt hatte, waren einige Gäste der Meinung, dass es gar nichts so Besonderes gewesen sei, einfach immer nur geradeaus nach Westen zu segeln. Da schlug der Admiral der Weltmeere vor, die Gesellschaft möge doch einmal versuchen ein Ei auf die Spitze zu stellen. Keiner der Anwesenden brachte dies fertig. Bald waren der Kardinal und seine Gäste sich einig, dass es einfach nicht möglich sei. Da nahm C.C. das Ei und schlug es mit der Spitze auf den Tisch. Der kleine Trick funktionierte, das Ei blieb stehen. Damit hat C.C. gezeigt, dass bestimmte Dinge im Nachhinein betrachtet sehr einfach aussehen können, es aber nicht ganz so einfach ist, vorher auf die richtige Lösung zu kommen.

Die Geschichte vom Ei des Columbus hat allerdings einen Haken – es gibt sie nicht nur einmal. Genau dasselbe wird – Jahre zuvor – von einem gewissen Filippo Brunelleschi berichtet. Der berühmte Baumeister des Mittelalters soll ein Ei auf seine Spitze gestellt und dafür den Auftrag erhalten haben, den Dom Santa Maria del Fiore zu bauen. Dieser Dom steht noch immer in Florenz und seine Kuppel sieht aus wie ein Ei mit eingedrückter Spitze.

Die Eroberung der „Neuen Welt"

Columbus in Ketten
(Gemälde von
Lorenzo Delleani, 1865)

Kapitel 28
Die zweite Reise

Die zweite Reise

Als bekannt wird, dass C.C. wieder in die „Neue Welt" aufbrechen will, melden sich tausende von Freiwilligen. Alle wollen sie mit in das unbekannte Land. Sie versprechen sich Ruhm, Ehre und Abenteuer und natürlich ihren Anteil an den riesigen Reichtümern, mit denen C.C. immer wieder geprahlt hat.

Der offizielle Auftrag des spanischen Königshauses lautet anders: C.C. soll die Eingeborenen zum Christentum bekehren und zu guten katholischen Untertanen der Herrscher von Spanien machen. Vielleicht übernimmt deshalb der Erzbischof von Sevilla die Organisation der Reise: 1.200 Mann werden ausgewählt, Siedler, Seeleute und Soldaten. Dazu kommen ein paar ganz spezielle Gäste, wie beispielsweise der Leibarzt der Königin, ein gewisser Doktor Chanca. Aus heutiger Sicht ist seine Beteiligung an der Expedition ein großer Gewinn, denn er beschreibt sie in einem langen Brief an die Stadt Sevilla, der erhalten geblieben ist.

Die zweite Reise beginnt am 25. September 1493 mit 17 Schiffen in Cadiz. Das Flaggschiff ist die „Santa Maria la Galante". Außerdem gehören diesmal zwei Naos, 13 Karavellen und eine kleine Barke für Ausflüge in flachere Gewässer zur Flotte. Alle Schiffe sind mit der königlichen Flagge geschmückt.

Und am Kai steht aufgeregt und traurig der fünfjährige Fernando, C.C.'s zweiter Sohn. Noch ist er zu jung. Noch darf er nicht mit.

Jeder Kapitän bekommt von C.C. einen versiegelten Briefumschlag, den er nur öffnen darf, wenn er die Flotte aus den Augen verloren hat. Ohne Not will der verschwiegene Admiral seine geheime Route nicht verraten, aber er will natürlich auch mit allen Schiffen ankommen.

Es wird eine glückliche Reise. Das wissen wir aus Doktor Chancas Bericht:

„Das Licht verändert sich ständig. Es spielt in den Segeln, golden bei Sonnenuntergang, silbern im Mondlicht. Das Meer ist tiefblau. Fische springen durch die Luft. Alle halbe Stunde drehen die Schiffsjungen die Sanduhren herum, um die Zeit so genau wie möglich zu messen.

Tagsüber fahren die Schiffe so schnell sie können. Abends warten sie aufeinander. Das langsamste ist (wieder einmal) das Flaggschiff.

Jeden Morgen feiert der Priester das heilige Abendmahl, aber ohne Wein. Der würde im starken Wellengang nur verschüttet."

Die Flotte legt 2.500 Seemeilen in 21 Tagen zurück. Das ist noch heute eine stolze Leistung.

Noch viel beeindruckender: C.C. kommt genau dort an, wo er hinmöchte – ganz ohne Satellitennavigationssystem.

„Allein aus dem Anblick einer Wolke oder eines Sterns", schreibt Dr. Chanca voller Bewunderung, „konnte Columbus auf offenem Meer erkennen, welchen Kurs er wählen musste, um sein Ziel auf kürzestem Weg zu erreichen."

Am Morgen des 3. November 1493 sehen sie zum ersten Mal Land. C.C. steuert die Flotte nicht sofort nach „La Navidad". Zunächst nimmt er Insel für Insel für die spanische Krone in Besitz, indem er dort hölzerne Kreuze errichten lässt.

Doch dann kommt die Stunde der Wahrheit. Die Schiffe nähern sich der Insel Hispaniola und „La Navidad", der ersten europäischen Siedlung der „Neuen Welt". Alle sind bester Laune. Da zischen ihnen plötzlich sechs Pfeile entgegen.

Kapitel 29
La Navidad

La Navidad oder
Der Anfang vom Ende

Es ist, als ob sechs Mäuse gegen einen Elefanten kämpfen. Die Festung „La Navidad" schon fast vor Augen, wird C.C.'s Flaggschiff von sechs Indianern aus einem Kanu heraus mit Pfeil und Bogen angegriffen. Das Beiboot wird ausgesetzt. Die Angreifer sind schnell überwältigt. Aber ein Seemann findet dabei den Tod.

Kundschafter gehen an Land. Sie entdecken zwei Leichen. An den Bärten erkennen sie, dass es sich um Spanier handeln muss. Indianer tragen keine Bärte. Niemand in der Festung scheint sie zu bemerken, nicht mal auf das Abfeuern der Kanonen reagieren die „Indianer". Vorsichtig wartet C.C. auf See.

Nach ein paar Stunden lässt sich ein naher Verwandter des Häuptlings zu der Flotte hinausrudern. Er berichtet Schlimmes. Es hätte eine blutige Auseinandersetzung mit zwei Nachbarstämmen gegeben. Dabei seien – leider, leider – auch ein paar Spanier ums Leben gekommen. Außerdem hätten Krankheit und Tod die Festung heimgesucht und einige von C.C.'s Männern hätten sich gegenseitig erschlagen.

So erzählt der Abgesandte des Häuptlings, aber keiner an Bord der Schiffe glaubt ihm. An Land entdecken sie die bittere Wahrheit: Die Festung ist zerstört. Alle Spanier sind tot. Ihre sterblichen Überreste liegen unbestattet herum.

Langsam kommt die Wahrheit ans Licht.

Es waren nicht die Nachbarstämme und auch keine Krankheiten.

Die Zurückgelassenen hatten versucht alles Gold, das die Indianer besaßen, in ihren Besitz zu bringen. Damit nicht genug, hatten sie sich rücksichtslos an den Frauen vergriffen, bis dies den friedliebenden Einheimischen zu viel geworden war. Aus willkommenen Gästen wurden Feinde. Und für die galt ein anderes Recht. Sie wurden gnadenlos bekämpft und erschlagen.

Die Männer auf den Schiffen schwören Rache. Schon richten sie die Kanonen aus und die Soldaten halten ihre Musketen bereit. Aber der Admiral will nicht noch mehr „verbrannte Erde", vor allem keinen Krieg. C.C. hat andere Pläne. Er verschont die Eingeborenen auf Hispaniola und gibt Befehl, weiterzusegeln.
Wieder wird Insel für Insel in Besitz genommen. Immer mit der gleichen Zeremonie: Erst wird ein Holzkreuz errichtet. Dann steckt C.C. die spanische Fahne in den Sand, kniet nieder, küsst den Boden, spricht dabei eine Formel und schon gehört auch dieses Stück Land zu Spanien.

Merkwürdig ist nur, dass C.C. keinen Augenblick lang den Widerstand des mächtigen Khans oder der indischen Herrscher fürchtet, denen das Land doch gehören müsste? Mit dieser Gefahr rechnet er offensichtlich nicht.

**Columbus nimmt die entdeckten Inseln in Besitz.
(Gemälde von Dióscoro T. de la Puebla Tolín, 1862)**

Die Inseln sind wunderschön. Es gibt herrliche Fische, Wild und viele leuchtend bunte Früchte. Aber die Spanier haben Angst, sich an den unbekannten Köstlichkeiten zu vergiften. Sie kauen auf ihrem verschimmelten Schiffszwieback herum und haben schlechte Laune. Vor allem weil sie nirgendwo eine größere Menge Gold finden.
Nach zwei Wochen ändert C.C. den Kurs und kehrt mit seiner Flotte zurück nach Hispaniola. Dort will er an einer anderen Stelle der Insel eine Stadt gründen. „La Isabela" soll sie heißen und eine Festung werden mit allem Drum und Dran: mit Kirche, Gouverneurspalast und 200 Häusern für die Bewohner.

Kapitel 29

Das bedeutet viel Arbeit. Nach einigen Wochen gehen die aus Spanien mitgebrachten Vorräte zur Neige. Außerdem breitet sich die Malaria, eine durch Mückenstiche übertragene Tropenkrankheit, aus. Ihre Folgen sind Fieber, Schüttelfrost und oft auch der Tod.

Während ein Teil der Spanier die Festung baut, durchstreifen zwei andere Gruppen die Insel auf der Suche nach Gold. Und sie entdecken es wirklich. Aber sie können es nicht einfach so einsammeln, es liegt unter der Erde oder muss erst mühsam aus den vielen Flüssen gewaschen werden. Das ist echte Arbeit. So haben sich die mitgereisten Abenteurer das nicht vorgestellt.

C.C. braucht neue Vorräte. Sonst ist „La Isabela" nicht zu halten. Er teilt die Flotte in drei Teile. Zwölf Schiffe schickt er am 2. Februar 1494 nach Spanien zurück.

Beim Goldwaschen

Dem Kommandeur der Heimkehrer, Antonio des Torres, gibt er lange Bestelllisten und einen Brief an das spanische Königspaar mit. Die Listen enthalten alles, was er zum Aufbau der Stadt und zur Durchführung weiterer Expeditionen benötigt: Saatgut (Getreide), Wein, Kleidung, Waffen, Pökelfleisch, aber auch Kühe und Schafe für die Viehzucht. Außerdem Männer mit Erfahrung im Bergbau.

In dem Brief an Königin Isabella berichtet C.C. vorsichtig, dass der erste Versuch, eine Siedlung zu gründen, gescheitert sei. „La Navidad" sei zerstört, die Männer erschlagen. Aber da sie gegen seine ausdrücklichen Weisungen gehandelt hätten, träfe sie selbst die Schuld an ihrem Unglück.

Diesem Brief legt er seinen ganz persönlichen „Wunschzettel" bei. Die Königin soll ihm feine Kissen, Rosenwasser, grüne und braune Seidenkleidung, Wandteppiche mit Bäumen drauf und sogar Parfüms schicken.

Dann lässt er einen weiteren Teil der Männer in „La Isabela" unter dem Kommando seines jüngeren Bruders Diego zurück.

Kapitel 29

Er selbst sticht mit dem dritten Teil der Mannschaft und drei Schiffen in See. Er will endlich Festland erreichen.

Zum zweiten Mal kommt er nach Kuba. Es wird eine militante Expedition. Die Eroberer haben Kampfhunde dabei. C.C. wird schnell klar, dass auch dies eine Insel ist. Trotzdem lässt er seine Besatzung schwören, sie hätten „Festland" entdeckt.

Warum ist ihm das so wichtig?
Es gibt eigentlich nur einen Grund. C.C. hat kaum noch Zweifel, dass er nicht in Indien, sondern auf „seinem" neuen Kontinent gelandet ist. Indien, das ist ihm inzwischen klar, liegt tausende von Seemeilen westwärts.
Aber darüber redet der Mann, der bis heute zu den besten Seglern der Welt zählt, mit niemandem.

Kapitel 30
Der erste Krieg

Der erste Krieg

Als sie vier Monate später nach „La Isabela" zurückkehren, wartet eine Überraschung auf den Admiral. Sein älterer Bruder Bartolomeo ist mit einem der Schiffe, die die aus Spanien angeforderten Güter gebracht haben, eingetroffen.
Nach Jahren der Trennung sind die drei Brüder wieder zusammen. Antonio des Torres übergibt die Antwort von Königin Isabella an C.C. Darin bittet sie den Admiral höflich, so schnell wie möglich nach Spanien zurückzukehren. Sie brauche ihn dringend. Er soll an den Verhandlungen mit Papst Alexander VI. teilnehmen. Es ginge um nicht weniger als die Neuverteilung der Welt zwischen Portugal und Spanien.

Doch der Admiral hat Wichtigeres zu tun. In der neuen Siedlung herrscht das blanke Chaos. Sein Bruder Diego hat sich als unfähiger Gouverneur erwiesen. Längst lassen sich die Indianer von den Eindringlingen nicht mehr alles bieten. Zu immer mehr Dienstleistungen und Abgaben gezwungen, beginnen sie die Eroberer zu hassen. Es kommt zu Kämpfen und Toten auf beiden Seiten. Auch die Spanier sind sich uneinig; sie bekämpfen einander um Macht und Geld.

C.C. greift hart durch. Er lässt seine Soldaten 1.500 Einheimische gefangen nehmen. 500 von ihnen werden sofort auf vier Schiffen zusammengepfercht und nach Spanien in die Sklaverei geschickt. 200 von ihnen sterben bei diesem qualvollen Transport. Und fast alle Überlebenden fallen in Spanien verschiedenen Infektionskrankheiten zum Opfer.
Die zurückgebliebenen 1.000 Indianer werden zwangsgetauft. Dann bietet C.C. sie seinen Siedlern als Sklavinnen und Sklaven an. Einige wenige schickt er zurück.

Kapitel 30

Vermutlich nur, damit diese armen Menschen zu Hause von der gewaltigen Stärke und Grausamkeit der Eroberer berichten, gegen die sie nichts ausrichten können.

Aber die Indianer rüsten zum Gegenschlag. Es sind tausende, die sich den Spaniern entgegenstellen. Und tausende werden von C.C.'s Kanonen, Soldaten, Pferden und Kampfhunden niedergemetzelt. Die Kanonen entscheiden die Schlacht. Der mächtigsten Waffe des 15. Jahrhunderts haben die Indianer nichts entgegenzusetzen. Die Schlacht von „La Isabela" ist der Beginn der Ausrottung der Indianer durch die europäischen Eroberer.
Über all dem hat C.C. Isabellas Brief fast vergessen.
Ein Fehler mit schwerwiegenden Folgen ...

Columbus im Kampf mit den Indianern
(Farblithografie nach einer Zeichnung von August C. Haun, 1866)

Kapitel 31
Die Strafe Gottes

Die Strafe Gottes

Erst ein Jahr nach der Aufforderung der spanischen Königin zur Rückkehr bricht C.C. von „La Isabela", seiner neuen Hauptstadt auf Hispaniola, auf. Seinen älteren Bruder Bartolomeo hat er als Gouverneur der Insel eingesetzt.

Er fährt auf der „Niña" und lässt sich nur von einer einzigen Karavelle – der „India" –, die aus zwei zerstörten Schiffen neu zusammengezimmert worden ist, begleiten.

Die Reise verläuft ohne größere Zwischenfälle. Nur einmal kommen sie in Not. Ihre Vorräte gehen zur Neige und Land ist nicht in Sicht. Deshalb schlägt der Schiffskoch vor, man könnte doch ein paar der mitgenommenen Sklaven schlachten. Schließlich seien die Indianer ja ebenfalls Kannibalen. C.C. habe das mit dem Argument abgelehnt, die Indianer seien mittlerweile getauft und deshalb ihre Nächsten. So schreibt es sein Sohn Fernando Jahre später auf. Vielleicht wollte C.C. aber auch seine Beute nicht einfach „aufessen", um nicht wieder mit leeren Händen vor seinen Mitfinanzier und Sklavenhändler Berardi treten zu müssen.

Als C.C. am 8. Juni 1496 nach mehr als drei Jahren von seiner zweiten Reise zurückkehrt, ist der Jubel noch größer als beim ersten Mal. Eine Party jagt die andere.

Nur aus dem Königshaus kommen schlechte Nachrichten.

Isabella hat ihm offensichtlich übel genommen, dass er ihren „höflichen" Befehl, sofort zurückzukehren, einfach ignoriert hat. Noch ungehaltener ist sie darüber, dass er gegen ihren ausdrücklichen Willen tausende von Indianern für den Sklavenmarkt gefangen genommen hat. Sämtliche Titel werden ihm aberkannt. Noch schlimmer, er bekommt auch keinen müden Maravedi von dem Gold und all den anderen Waren, die inzwischen fast täglich aus der „Neuen Welt" in Spanien eintreffen Er ist sozusagen „fristlos entlassen" und besitzt keinerlei Rechte mehr aus seinen Verträgen. Stattdessen schickt das spanische Königshaus andere Kapitäne in die „Neue Welt".

C.C. sieht das als Strafe Gottes für seinen Hochmut und seine Eitelkeit. Er beschließt sein Leben von Grund auf zu ändern, zieht die Kutte über und lebt wie ein Mönch im Kloster. Fern von den wilden Feiern und Festen liest er die Bibel, betet und wartet. Er hofft auf eine Audienz beim spanischen Königspaar. Der Erzbischof von Sevilla, der seine zweite Expedition in die „Neue Welt" organisiert hat, will C.C. dabei helfen.

Als es endlich so weit ist, macht C.C. etwas völlig Verrücktes. Er lässt zwei von der Reise mitgebrachte Verwandte eines Häuptlings kommen, zieht ihnen kunterbunte Sachen an, setzt ihnen goldene Kronen auf und schminkt sie so grell wie möglich. Dann reiten alle drei zusammen auf Mauleseln zur Königin. Und als Geschenk nimmt er ein paar große Goldstücke mit.

Titel hin, 10% her!
C.C. will nur eins: noch einmal in seine „Neue Welt". Das Festland finden, das hinter all diesen Inseln doch liegen muss. Aber dazu braucht er die Unterstützung der Königin, die sie ihm nach der letzten Reise entzogen hat.

Und wieder geschieht ein Wunder! Einen Monat später hat C.C. alle seine Titel zurück.
Mehr noch, Isabella beauftragt ihn, so schnell wie möglich mit 300 Männern und 30 Frauen nach Hispaniola zu segeln, um die Insel dort endgültig für Spanien zu besiedeln.

Kapitel 31

(Aus den noch erhaltenen „Lohnlisten" von der dritten Reise kann man entnehmen: Die Männer bekamen Geld, die Frauen nicht. Sie sollten froh und dankbar sein für die spanische Krone möglichst viele Kinder gebären zu dürfen.)

Auch dieses Wunder hat einen Namen. Einen ganz berühmten sogar: Vasco da Gama.

Der ist nämlich dabei, eine Expedition im absolut geheimen Auftrag des Königs von Portugal vorzubereiten, um endgültig die Ost-Route nach Indien zu entdecken.

Eine Reise, bei der eine Katastrophe die nächste jagt, bis der Lotse Ahmed Ibn Majid, der erst im Hafen von Malindi (Ostafrika, im heutigen Kenia) an Bord kam, Vasco da Gama doch noch ins „richtige" Indien bringt.

**Kapitel 32
Vasco da Gama**

Vasco da Gama oder
Die Entdeckung der Ost-Route

Ich, Ahmed Ibn Maijd, Lotse und Christ, begab mich im April des Jahres 1498 im Hafen von Malindi an Bord der „Sao Gabriel". Sie stand unter dem Kommando von Kapitän Vasco da Gama. Für ihn und seine 170 wackeren Seeleute bin ich voller Bewunderung. Hinter ihnen lag eine endlos lange und gefahrvolle Seereise, doch niemand dachte ans Aufgeben. Als Erste gelang ihnen der Weg entlang der afrikanischen Küste bis ins wundersame Indien.

Sie segelten die gesamte Westküste Afrikas nach Süden und umrundeten das sturmgepeitschte Kap an der Südspitze Afrikas, das die Portugiesen „Kap der Guten Hoffnung" nennen.

Von dort fuhren sie nach Norden, die Ostküste Afrikas entlang, gegen den gewaltigen Strom, den das Meer dort den Schiffen entgegenstemmt.

Müde, erschöpft und fast verhungert erreichten sie den Fluss Sambesi, wo freundliche Menschen ihnen Nahrung gaben.

Mit Gottes Hilfe segelten sie weiter bis Moçambique. Doch dort wollte man sie ermorden, als das wahre Ziel ihrer Reise bekannt wurde.

Und die Verfolgung ging weiter, denn die islamischen Händler witterten die Konkurrenz. Nur mit Mühe passierten die Portugiesen die islamischen Häfen

1 Kap der Guten Hoffnung
2 Sambesi 3 Moçambique
4 Kilwa 5 Sansibar
6 Mombasa 7 Malindi

Die Route des Vasco da Gama

Kapitel 32

Sansibar und Kilwa. Vor Mombasa mussten sie sich den Weg mit ihren Kanonen freischießen.

Aber nun, hier im Hafen von Malindi, sind sie in Sicherheit. Und ich fühle mich geehrt diesen mutigen Männern den weiteren Weg nach Indien zu weisen.

Porträt des Vasco da Gama
(Gemälde von Gregorio Lopez, 1524)

Tatsächlich brachte ein Lotse aus Malindi den portugiesischen Seefahrer Vasco da Gama und seine Mannschaft sicher bis nach Indien. Wie er hieß, ist nicht überliefert. Vielleicht Ahmed Ibn Majid, vielleicht ganz anders.

Endlich ist der lang gesuchte Seeweg nach Indien entdeckt. Doch aus dem erhofften Handel mit Gewürzen wird zunächst nichts. Immer noch besitzen islamische Händler das Handelsmonopol. Und nach heftigen Auseinandersetzungen mit dem indischen Herrscher und den Händlern bleibt Vasco da Gama nur der Rückzug.

Auch dieser berühmte Entdecker muss seinen Erfolg mit vielen Entbehrungen bezahlen: Ein großer Teil seiner Mannschaft überlebt die Strapazen der Reise nicht, viele leiden an Skorbut (einer Krankheit, die durch mangelhafte Ernährung hervorgerufen wird). Vasco da Gama muss sogar eines seiner Schiffe versenken, da er nicht mehr genügend Männer hat, um es zu segeln. Auch sein Bruder stirbt auf dieser Reise.

170 Seefahrer segeln mit ihm los. Nur 55 von ihnen kehren wieder nach Portugal zurück.

Vasco da Gama überlebt die Tortur und zieht sich – als Admiral des Indischen Meeres – in seine Heimatstadt Sines zurück. König Manuel I., Nachfolger Johanns II. und neuer Herrscher über Portugal, überträgt Vasco da Gama diese Stadt als Lehen.

Als C.C. im Februar 1498 mit seinen bunt gekleideten Häuptlingen vor Königin Isabella erscheint, weiß sie nur, dass der neue Herrscher von Portugal eine Flotte ausrüsten lässt, die mit geheimem Auftrag unter dem Kommando des berühmten Vasco da Gama lossegeln soll.

Aber das ist für sie Grund genug, C.C. alle seine Ehren und Rechte zurückzugeben und ihn so schnell wie möglich im Auftrag der spanischen Krone in die eroberten Gebiete zurückzuschicken, um sie gegen die drohenden Übergriffe der Portugiesen zu sichern.

Kapitel 33
Mit Knackis, Ketzern und Kanonen

Mit Knackis, Ketzern und Kanonen

C.C. nimmt den Auftrag des spanischen Königshauses nur zu gerne an. Dass er eigentlich vorhat bei seiner dritten Reise endlich den neuen Kontinent, also das Festland hinter den unzähligen Inseln zu erreichen, verrät er der Königin nicht. Auf jeden Fall will der Admiral der Meere diesmal eine südlichere Route wählen. Zunächst schickt er drei Frachtschiffe in die „Neue Welt" voraus. Dann segelt er Ende Mai 1498 mit einer Nao und zwei Karavellen selbst hinterher. Seine Mannschaft hat er sich zum großen Teil aus den Gefängnissen Spaniens geholt. Diebe sind darunter und sogar Mörder. C.C. ahnt, dass dies die letzte Chance ist, der Entdecker eines unbekannten Kontinents zu werden.

Die dritte Reise des C.C. steht unter keinem guten Stern: Eine Flaute zwingt ihn zu einem Zwischenstopp auf den Kapverdischen Inseln. Diese Inselgruppe ist bewohnt, seitdem portugiesische Seefahrer sie 1455 vor der Küste Afrikas entdeckt haben. C.C. muss hier seine Vorräte auffüllen. Er bekommt zwar frisches Trinkwasser, aber kein Fleisch; davon haben die Bewohner der Vulkaninseln selbst nicht genug.

Kaum liegen die Kapverdischen Inseln hinter ihnen, geraten die drei Schiffe in die nächste Windstille. 14 Tage lang liegen sie fast bewegungslos auf dem Wasser – bei unerträglicher Hitze. Das Trinkwasser muss rationiert werden.
Nach endlosen Tagen und Nächten kehrt am 22. Juli 1498 der Passatwind zurück. C.C. segelt konsequent nach Westen. Jeden Moment kann das Trinkwasser aufgebraucht sein. Im letzten Augenblick finden sie eine Insel. Dort gibt es Süßwasser. Sie sind gerettet. C.C. nennt die Insel Trinidad. Von hier segelt er

Kapitel 33

weiter, von Insel zu Insel in Richtung Venezuela (das damals natürlich noch nicht Venezuela heißt).

Dann kommt der große Tag, von dem wir heute wissen, dass C.C. ihn selber nicht als einen besonderen erlebt hat, obwohl er so viele Jahre auf diesen Augenblick gewartet hat.
Am 5. August 1498 betritt C.C. im heutigen Venezuela zum ersten Mal das amerikanische Festland. Die Einheimischen haben beim Anblick der unbekannten Schiffe ihre Hütten verlassen und sich sicherheitshalber in die Wälder zurückgezogen. Nur ein paar Affen begrüßen den (Wieder-)Entdecker des riesigen neuen Kontinents. Und dieser verzichtet auf jede Zeremonie: Kein Kreuz wird aufgerichtet, keine spanische Fahne in die Erde gesteckt. Vielleicht erscheint ihm das wegen der neugierigen Affen zu albern. Oder er fühlt sich zu krank dafür. Möglicherweise hat er aber einfach nur keine Lust, zum 999. Mal dieselbe Show ablaufen zu lassen. Wir wissen es nicht.

Aber etwas anderes wissen wir aus C.C.'s Bordbuch. Zwei Wochen später. Er hat Südamerika längst wieder verlassen, da schreibt er:
„Ich glaube, das hier ist ein riesiger Kontinent, der bis heute unbekannt war. Die Vernunft legt mir das nahe, vor allem wegen der riesigen Flüsse und Süßwasserseen."

Denn einer seiner Kapitäne ist an der Mündung eines riesigen Flusses vorbeigesegelt (dem Orinoko) und hat C.C. davon erzählt.

Die dritte Reise des Columbus, Landung auf Cubagua vor der Küste Venezuelas (Kupferstich von Theodor de Bry, 1594)

Kapitel 33

Große Ströme aber entstehen durch die Vereinigung von Bächen und Flüssen.
Sie brauchen riesige Landmassen, durch die sie fließen können.
Das weiß der Geograf und Kartenzeichner C.C. ganz genau.
Solche gewaltigen Ströme können nur auf Kontinenten entstehen.
Inseln sind dafür zu klein.
Er hat eine neue „andere Welt" entdeckt und genau so nennt er sie später auch: „Otro mundo".

Columbus' Erkundungsfahrt nach Venezuela und zu den Flussmündungen des Orinoko

Kapitel 34
Knies im Tropenparadies

Knies* im Tropenparadies

C.C. ist schwer krank: „Die Augen des Admirals sind blutunterlaufen und er hat Gliederschmerzen", schreibt sein Sohn Fernando. So schnell wie möglich will der „Vizekönig von Indien" zurück nach Hispaniola. Nicht nur, um sich von den Strapazen der dritten Reise zu erholen. Er ist unruhig wegen seines Bruders Bartolomeo, den er in „La Isabela" als Gouverneur zurückgelassen hat. Der hat inzwischen eine weitere Siedlung gegründet und sie nach dem Vater der Columbus-Brüder „Santo Domingo" genannt.

Aber ihm geht es genauso. Sehnsüchtig erwartet er seinen Bruder. Als C.C. monatelang nicht zurückkommt, macht er sich Sorgen und segelt ihm nach. Die Brüder treffen sich auf offener See, aber nur weil C.C. vom Kurs abgekommen ist. Gemeinsam fahren sie nach „Hispaniola" zurück.

Hier ist inzwischen der Teufel los. Eine Gruppe unzufriedener Siedler hat sich zusammengeschlossen und liefert sich blutige Kämpfe mit den Anhängern der Columbus-Brüder. Sie rebellieren, weil man ihnen das Paradies mit schimmerndem Gold, köstlichen Speisen und vielen Sklaven versprochen hat. Aber niemand hat ihnen gesagt, dass sie das Gold mühsam selbst ausgraben müssen, dass viele der Fische giftig und die Sklaven widerspenstig sind. Kurzum: Es gibt Knies im Tropenparadies.

Der Admiral verhandelt mit dem Führer der Rebellen, der fordert, lebenslang als Bürgermeister von „Santo Domingo" eingesetzt zu werden. C.C., krank und der Streitereien müde, gibt um des lieben Friedens willen nach. Ein schrecklicher Fehler, der ihn bei seiner vierten Reise fast das Leben kosten wird.

Und weil bekanntlich ein Unglück selten allein kommt, nähert sich blitzschnell schon das nächste: Es heißt Francisco de Bobadilla.

Kapitel 34

Denn die spanischen Majestäten haben durch den regen Schiffsverkehr zwischen der „Alten" und der „Neuen Welt" vom Versagen der Columbus-Brüder in politischen und geschäftlichen Belangen gehört. Sie wollen diesen Berichten und Gerüchten auf den Grund gehen. Deshalb schicken sie Francisco de Bobadilla mit allen Vollmachten nach „Hispaniola".

Als der im August 1500 in „Santo Domingo" landet, sind C.C. und sein Bruder Bartolomeo nicht in der Stadt. Stattdessen ist Diego, der jüngste der Brüder, gerade dabei, sieben aufständische Spanier ohne Urteil hinzurichten. Als der Kommissar des Königspaares eintrifft, baumeln ihre Leichen noch an den Galgen. Fünf weitere Hinrichtungen sollen folgen. Sofort übernimmt Bobadilla das Kommando und greift eisenhart durch. Die fünf Aufständischen werden freigelassen.

Der Bruder des Admirals wandert ins Gefängnis. Als C.C. und Bartolomeo von ihren Ausfahrten zurückkommen, erleiden sie das gleiche Schicksal. In „Santo Domingo" gibt es niemanden mehr, der für sie eintritt. Die spanischen Siedler hassen C.C. Sie wollen nicht mehr von ihm oder seinen Brüdern beherrscht werden und das Edelmetall auch nicht mehr selber wie in einer Fabrik „herstellen". Die Eingeborenen sollen das Gold gefälligst für sie ausbuddeln oder aus den Flüssen waschen, während sie sich auf die faule Haut legen.

Columbus wird von Bobadilla in Fesseln gelegt und nach Spanien geschickt.
(Farblithografie nach August C. Haun, 1866)

Sein eigener Koch legt dem Admiral die Ketten an. Wie die letzten Verbrecher lässt der neue Befehlshaber die drei Columbus-Brüder zur Anhörung nach Spanien an Bord der „La Gorda" bringen.

Kapitel 34

Als der Kapitän der „La Gorda" seinem Admiral für die Überfahrt die Ketten abnehmen lassen will, weigert sich C.C. Die Königin habe ihn in Ketten legen lassen und nur die Königin könne sie ihm auch wieder abnehmen.

Die Rückreise verläuft ohne Zwischenfälle. Mit Rückenwind sind sie Mitte Oktober 1500 wieder zurück in Cadiz. C.C. wird als Gefangener der Krone in ein Kloster gebracht. Sechs Wochen lang interessiert sich niemand für ihn. Er ist den Majestäten unwichtig geworden. Dann endlich kommt der Befehl von Isabella, C.C. und seine Brüder von ihren Ketten zu erlösen. Sie glaubt den übertriebenen Anschuldigungen Bobadillas nicht mehr.

Diese würdelose Gefangennahme ist wohl die schlimmste Niederlage in C.C.'s Leben. Sein Biograf Bartholome de las Casas schreibt:

„Die Ketten bewahrte der Admiral sehr sorgfältig auf und befahl, dass sie ihm ins Grab gelegt würden, zum Zeichen dafür, welcher Dank ihm zuteil geworden sei."

Columbus in Ketten
(Stahlstich nach einem Gemälde
von Gustav Wappers, 1860)

Königin Isabella verspricht Wiedergutmachung, doch nichts dergleichen geschieht. Im Gegenteil! Sie schickt einen neuen Gouverneur nach „Hispaniola" mit 30 Schiffen und 2.500 Mann: Nicolas de Ovando.

Zwischen ihm und dem „Admiral des Ozeans" entwickelt sich ein Kampf auf Leben und Tod. Auf C.C.'s vierter und (vor)letzter Reise.

* Für alle, die das Wort „Knies" nicht kennen: Es heißt Streit.

**Kapitel 35
Die vierte Reise**

Die vierte Reise

C.C. will unbedingt noch einmal in seine „Neue (andere) Welt". Jetzt, wo ihm klar ist, dass er auf einem riesigen, bisher unbekannten Kontinent zwischen Europa und Asien gelandet ist, will er doch noch den Weg nach Indien über die West-Route finden. Er hofft, irgendwo zwischen den Landmassen eine Passage zum Meer auf der anderen Seite des neuen Kontinents zu entdecken. Auch hierüber redet er mit niemandem, nicht einmal mit seinen Brüdern oder seinem Sohn.

Aber wenn C.C. gewusst hätte, was auf dieser vierten und letzten Reise in die „Neue Welt" auf ihn und seine Mannschaft zukommen sollte, wäre er vielleicht doch nicht losgefahren.

Und seinen Sohn Fernando hätte er ganz bestimmt nicht mitgenommen. Für den ging ein Traum in Erfüllung. Er durfte zum ersten Mal dabei sein. Als einer von 173 Mann, darunter nicht nur Kapitäne, Matrosen und Schiffsjungen, sondern auch elf ganz persönliche Diener des Admirals ... und zwei Trompeter. Aber keine Frau. Nach drei Wochen Windstille geht es am 11. Mai 1502 bei auffrischendem Nordwind endlich los: mit vier Schiffen, der „Gallega", der „Santiago de Palos" und der „Vizcaina". Auf dem Flaggschiff, der „Capitana", segeln Vater und Sohn.

> Es gibt Experten, die behaupten, dass zu Zeiten des C.C. auch von China aus Versuche unternommen wurden, den unbekannten Kontinent zu erreichen, angeblich sogar mit sehr großen Flotten. Beweise gibt es dafür nicht.

Zunächst gibt es keine Probleme. Im Gegenteil, so schnell ist C.C. noch nie über den Ozean „geflogen". Mitte Juni nähert sich die kleine Flotte „Santo Domingo".

Doch schon naht die erste Katastrophe. Nicolas de Ovando, der neue Gouverneur, lässt C.C. gar nicht erst an Land. Obwohl ein Hurrikan droht!

Kapitel 35

C.C. ist der Einzige, der den Sturm herannahen fühlt. Vermutlich bemerkt er es am sinkenden Luftdruck und der leicht steigenden Temperatur. Als er auch noch die charakteristische Wolkenbildung fern am Horizont erkennt, weiß er, welche Gewalt da auf sie zukommt. Er schickt einen Unterhändler in die Stadt, weist auf die drohende Gefahr hin. Doch der neue Gouverneur lacht ihn nur aus. Wie zum Hohn lässt er eine Flotte von 20 Schiffen nach Spanien aufbrechen: Von ihnen wird nur ein einziges Europa erreichen.
(Es ist ausgerechnet das Schiff, auf dem C.C.'s privater Goldschatz, der dem Gouverneur in die Hände gefallen ist, nach Spanien gebracht werden soll!)
Denn C.C. behält Recht.
Der Hurrikan ist so schrecklich, dass niemand aus seiner Mannschaft daran glaubt, dieses Unwetter überleben zu können. Wie durch ein Wunder verliert der Admiral keinen einzigen Mann, auch wenn die Masten der Schiffe gebrochen und die Segel zerfetzt werden. Doch so etwas kann man reparieren. Dafür gibt es Segelmacher und Schiffszimmerleute an Bord, die notfalls in ein paar Tagen ein Schiff komplett auseinander nehmen und wieder zusammensetzen oder aus den Resten von zwei Karavellen eine neue basteln können.
Auch nach dem Sturm dürfen sie nicht nach „Santo Domingo" hinein. Deshalb segelt C.C. sofort Richtung Nordwest. Er sucht nicht mehr nach Gold, sondern die engste Stelle des neuen Kontinents, hinter dem er ein anderes großes Meer vermutet. Dann will er mit frischen Vorräten weiter, um „Indien" und die Länder des „großen Khan" doch noch auf der West-Route zu erreichen.

Kapitel 35

Natürlich weiß er, dass der Portugiese Vasco da Gama inzwischen zum ersten Mal auf der Ost-Route bis nach Indien gesegelt ist. Das ist immerhin mehr als zwei Jahre her.
So was sprach sich damals auch ohne Telefon, Radio und Fernsehen sehr schnell rum.
Im Klartext: C.C. weiß spätestens jetzt, dass die von ihm entdeckte „andere Welt" nicht Indien ist. Nach drei Reisen, bei denen ihm nirgendwo ein indischer Maharadscha oder die Gesandten des Kaisers von China Willkommensgrüße überbracht haben – wie er es bei Marco Polo gelesen hat –, steht für ihn fest: Dieses Land ist nicht Indien!
Er hat den „neuen" Kontinent entdeckt.
Aber das kann er natürlich nicht öffentlich zugeben. Seine Verträge mit dem spanischen Königshaus gelten für Indien und für nichts anderes. Die Majestäten hätten blitzschnell reagiert. Wenn das nicht Indien war, was er entdeckt hat, dann waren sie auch nicht verpflichtet C.C. an den Gewinnen zu beteiligen. Und die Titel wäre er auch wieder losgeworden.
Kein Indien. Keine Anteile am Gold und den anderen Schätzen. So einfach ist das.
Da hatte nach der zweiten Reise schon weniger gereicht, um ihn zu entmachten. Die „königlichen" Ketten sind ihm noch in ganz frischer Erinnerung. Also schweigt C.C..
Stattdessen sucht er nach einer Durchfahrt zu dem unbekannten Ozean. Irgendwo musste es doch ein „Loch" geben, durch das er auf die andere Seite des Kontinents segeln könnte – und von da aus vielleicht doch noch in das echte Indien.

Im Juli 1502 erreicht C.C. die Stelle an der Küste Mittelamerikas, die wir heute Honduras nennen. Dort entdeckt seine Mannschaft in einer Flussmündung ein Kanu, das größer ist als alle, die sie zuvor gesehen haben. C.C. nimmt den Steuermann des Kanus gefangen und benutzt ihn als Dolmetscher. Dann entscheidet er: Gegen den Wind nach Osten. Mitten hinein in den nächsten Sturm ... und in die nächste Katastrophe.
„88 Tage", schreibt C.C. in seinem Bordbuch, „sahen wir weder Sonne noch Sterne. Die Matrosen nahmen sich gegenseitig die Beichte ab."

Trotz des königlichen Auftrags, die Indianer zum Christentum zu bekehren, war bei dieser Reise offensichtlich kein Priester an Bord!!!

Kapitel 35

„Die Leiden meines Sohnes quälten meine Seele. Aber er arbeitete, als wäre er schon viele Jahre zur See gefahren, und unser Herr schenkte ihm solchen Mut, dass er sogar die anderen zu trösten vermochte."

Na klar, ist eben ein echter Colón, der Fernando! Ob das wirklich so war, lassen wir mal dahingestellt.

C.C. selbst war krank und fühlte sich viele Male dem Tod nah. Diese Stimmung bestätigt ein gewisser Diego Mendez, der dem Admiral und seinem Sohn später das Leben retten wird. Sein Bericht über die Qualen der vierten Reise fällt jedoch nicht ganz so dramatisch aus: Bei ihm dauert der Sturm nur 40 Tage, aber die haben es ebenfalls in sich. Er erzählt von kaltem Essen, verschimmeltem Brot, ständigem Regen, und wenn der einmal aufhört, schwirren Stechfliegen aus den nahen Sümpfen heran. Die Männer sind zu schwach sie zu vertreiben. Auf dieser Reise erkrankt C.C. höchstwahrscheinlich an Malaria.

Am 14. September erreichen sie endlich eine Stelle, an der sie nach Süden abbiegen können.
Sofort ändert sich das Wetter: blauer Himmel, Sonnenschein und ein sanfter Wind.
C.C. nennt den Ort „Gott sei Dank" oder „Gracias Dios".
Heute heißt das Land dort: Nicaragua.

Tag und Nacht segeln sie von Flussmündung zu Flussmündung.
Das Tragische: Einmal sind sie tatsächlich an der schmalsten Stelle des Kontinents und wissen es nicht. Wäre C.C. in diesen Flusslauf hineingesegelt, wäre er zu einem großen See gekommen (heute Lago Nicaragua), und wenn er dort einen Indianer hätte fragen können, wo denn das andere Meer liegt, und der ihm ehrlich geantwortet hätte, wäre er nach 15 Meilen über Land am Pazifischen Ozean und am Ziel seiner Träume gewesen.
Wäre ... hätte ... gewesen!!!
Die Wahrheit ist: Er segelt vorbei.

Kapitel 35

Mitten hinein in die nächste Katastrophe.

Die Indios schicken ein Kanu mit zwei sehr jungen, nackten Mädchen, die als Geschenk gedacht sind und Goldketten mitbringen. Damit wollen die Eingeborenen ihr Interesse am Handel mit den Spaniern bekunden. C.C. behält die Ketten und schickt die Mädchen zurück.
Ein Riesenfehler. Geschenke darf man hier nicht ablehnen.
Die Indios fühlen sich beleidigt. Von da an empfängt die Spanier ein Pfeilregen, wo immer sie sich dem Ufer nähern.

Ein paar Flussmündungen weiter will C.C. von seinem geraubten „Dolmetscher" wissen, wie das Land dort heißt und wer da regiert. Die Antwort lässt ihn die Durchfahrt zum Pazifik kurzfristig vergessen: Dort herrsche der Herrscher aller Herrscher. Und das Land heiße „Quiriquiamba". Aber dieser Herrscher aller Herrscher lebe tief im Landesinneren. Etwa zehn Tagesreisen über hohe Berge und durch den wildesten Dschungel seien es bis dahin.
In seinem Fieber erinnert sich C.C. an die Texte Marco Polos. Es kommen ihm Zweifel. Sollte das Land hier doch Ciamba und der Herrscher aller Herrscher der Großkhan sein? Und der Fluss vor ihnen der „Ganges"?
Vermutlich sieht C.C. jetzt Häuser mit Golddächern vor sich und unermesslichen Reichtum. Aber nur für einen winzigen Augenblick. Dann weiß er wieder, dass das nicht stimmen kann. Hier ist nicht Asien. Hier ist die „andere Welt".

Auch wenn ihn die Aussicht auf das Gold des Herrschers von Quiriquiamba reizt, zu Fuß durch den Urwald – das will C.C. seiner Mannschaft dann doch nicht zumuten.
„Er öffnete die Augen wieder, die er während des Gesprächs mit dem Dolmetscher geschlossen hatte", so berichtet Diego Mendez, „und flüsterte mir zu:
‚Eines Tages werde ich wiederkommen mit einem riesigen Heer.'"

Dann nimmt er Kurs auf das heutige Panama.
Krank, schwach und verzweifelt segelt er in die endgültige Katastrophe.
Er hat tausende von blinden Passagieren an Bord:
Schiffsbohrwürmer!
Und die bohren und bohren und bohren!!!

Der „gemeine" Schiffsbohrwurm

Er lebt besonders gern in warmem Salzwasser. Dort, wo C.C. mit seinen Schiffen kreuzte, in der Karibik und an der Küste Südamerikas, sinkt die Was- 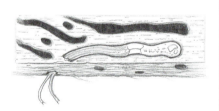 sertemperatur selten unter 25 Grad Celsius. Dementsprechend vermehrt sich der „Teredo navalis" in dieser Gegend besonders gut. Eigentlich ist er kein Wurm, obwohl ausgewachsene Exemplare so aussehen. Er ist eine Muschel. Das kann man bei den Jungtieren noch erkennen. Ausgewachsene Tiere – mit ihren bis zu 50 cm langen Körpern – passen nicht mehr in ihre Muschelschalen. Scheinbar gefällt den Tieren das nicht, deshalb bohren sie sich mit den harten Muschelschalen Wohnhöhlen zum Beispiel in Korallenbänke. Besonders scheint es ihnen aber Holz angetan zu haben. Es gibt in der Karibik kein Stück Treibholz, das nicht von „Schiffsbohrern" bewohnt ist.

Natürlich kannten die spanischen Seeleute zu C.C's Zeiten dieses Problem bereits. Allerdings war der Schiffsbohrwurm im Mittelmeer verhältnismäßig selten anzutreffen.

In den Tropen dagegen zerstörten die Tiere einen Schiffsrumpf innerhalb weniger Monate. Es sei denn, man schützte den unter Wasser liegenden Teil mit einer giftigen Mischung aus Teer, Kalk und Schwefel.

Es ist nachgewiesen, dass die spanischen Seeleute des 15. Jahrhunderts diese Methode angewandt haben. Der Anstrich musste allerdings spätestens nach sechs Monaten neu aufgetragen werden. Dazu war es nötig, das Schiff aus dem Wasser zu heben. In einem spanischen oder portugiesischen Hafen war das möglich, aber auf einer Expedition war daran nicht zu denken. Viele Schiffe, die zu C.C.'s Zeiten in die tropischen Gewässer fuhren, wurden durch diese Muschelart so stark beschädigt, dass sie sanken.

1508 erließ die spanische Krone ein Gesetz, nach dem der Rumpf aller Schiffe, die in die Tropen segeln sollten, mit Kupfer oder Bleiplatten beschlagen werden musste.

Inzwischen hat der Schiffsbohrwurm durch die Erwärmung der Meere sogar die Ostsee erreicht und richtet dort Millionenschäden an, indem er hölzerne Wellenbrecher und Hafenmolen zerfrisst.

**Kapitel 36
Endgültig besiegt**

Endgültig besiegt

Es geht fast nichts mehr. Mühsam schieben sich die drei übrig gebliebenen Schiffe von einer Bucht in die nächste. Die Mannschaften wollen nach „Santo Domingo" oder, noch lieber, gleich bis nach Spanien zurück. Doch die Lage ist aussichtslos.
Die Schiffsbohrwürmer haben die Holzrümpfe zerfressen. Ständig läuft Wasser in die Schiffe. Tag und Nacht quietschen und gurgeln die Lenzpumpen. Mit diesen Wracks kommen sie niemals zu Hause an. Der Admiral weiß das. Eventuell können sie es noch bis „Santo Domingo" schaffen, aber bis Spanien? Niemals! Nicht mit diesen leckgefressenen Kähnen.
Die „Vizcaina", von C.C. erst vor ein paar Monaten gekauft, ist die erste, der der Bohrwurm besiegt. Sie muss aufgegeben werden. Mannschaften, Vorräte, Segel und das wenige eingesammelte Gold werden auf die „Capitana" und die „Santiago de Palos" umgeladen.
Aber auch die sind in keinem guten Zustand. Mehr können sie nicht tragen. Vor allem nicht die Kanonen des Havaristen.
C.C. lässt sie an Bord und packt sogar noch einige Kanonen der „Santiago des Palos" und der „Capitana" dazu, bevor er die „Vizcaina" endgültig versenkt.

Das wird ihm nicht leicht gefallen sein. Denn nur die Kanonen garantieren die Überlegenheit über die zahlreichen Indianerstämme. Was sollen wenige hundert spanische Soldaten gegen die tausendfache Übermacht der Ureinwohner ausrichten, wenn

Kapitel 36

ihnen die vernichtende Feuerkraft ihrer Kanonen nicht mehr zur Verfügung steht?

Trotzdem bleibt ihm keine andere Möglichkeit, wenn er mit den anderen beiden Schiffen noch bis „Santo Domingo" kommen will. Doch C.C. wird sich die Stelle in der Bucht sehr genau gemerkt haben, um später hierher zurückkehren zu können. Denn es war damals schon möglich, mithilfe von Männern, die tauchen konnten, Kanonen vom Grund mit Seilen und Winden zu bergen. Vorausgesetzt, sie lagen nicht zu tief im Wasser.

Misstrauisch, wie der Admiral war, vertraute er die genaue Lage des Wracks nicht einmal seinem Schiffstagebuch an. Auch die spanische Krone belog er, er hätte die „Vizcaina" in „Puerto Bello" aufgeben müssen.

Laut Bordbuch lässt C.C. das Wrack der „Vizcaina" am 29. April 1503 in der Bucht zurück und segelt mit den beiden übrig gebliebenen, schwer überladenen Schiffen weiter nach Osten, die Küste entlang. Er hofft wenigstens den sicheren Hafen von „Santo Domingo" zu erreichen.

Doch das Unglück geht weiter. Sturm kommt auf, die Schiffe prallen gegeneinander, verkeilen sich, Holz splittert. Die „Capitana" verliert ihr Ruder.

Es gelingt C.C. noch, die Havaristen in eine Bucht zu manövrieren, die er von seiner zweiten Reise her kennt und die er damals „Santa Gloria" getauft hat. Aber, es ist nichts mehr zu retten, auch wenn der Admiral die Schiffe auf den Sandstrand zerren und mit Tauen zusammenbinden lässt. Hier vor Jamaika ist die vierte Reise zu Ende.

Der schwer kranke C.C. und seine Mannschaft sind Schiffbrüchige. Zwar haben sie noch ein paar Kanonen zu ihrer Verteidigung und Palmwedel zum Schutz vor der brennenden Sonne sind schnell in der restlichen Takelage befestigt.

Wo liegt das Wrack der „Vizcaina"?

Heute weiß man, dass es in „Puerto Bello" überhaupt kein versunkenes Schiff gibt. Höchstwahrscheinlich liegt die „Vizcaina" einige Kilometer weiter in einer Bucht, die heute „Nombre de Dios" genannt wird. Zumindest hat das Wrack dort ungewöhnlich viele Kanonen an Bord. Aber ob das inzwischen zerfallene Schiff tatsächlich einmal zur Flotte des C.C. gehört hat, ist noch immer nicht völlig geklärt. Vermutlich wird das auch noch dauern. Denn solch ein Fund wäre eine echte Sensation, mit der sich eine Menge Geld verdienen ließe.

Und das wollen natürlich alle.

Die Taucher, die das Schiff gefunden haben, würden gerne die Reste an Sammler und Museen verkaufen.

Damit sind nun wieder die Leute von „Puerto Bello" nicht einverstanden. Sie wollen für das Wrack ein eigenes Museum bauen, um Touristen und Wissenschaftler in das Städtchen zu locken.

Und der Staat Panama hat viele Beamte, die gerne auch etwas an dem Schatz verdienen würden. Solange die nicht zufrieden sind, gibt es eben keine Genehmigung zur Bergung.

Kapitel 36

Aber wovon sollen sie leben, wenn die spärlichen Vorräte verbraucht sind? C.C. geht es so schlecht wie nie zuvor. Doch der Admiral der Meere gibt nicht auf. Sein Sohn soll hier nicht sterben.

**Kapitel 37
Die Rettung**

Die Rettung

Seit einer Woche liegen die „Santiago de Palos" und „Capitana" nun aneinander gefesselt in der jamaikanischen Bucht auf dem Strand.
Die Schiffe sind nicht mehr zu retten.
Und aus beiden Wracks ein neues zu bauen geht auch nicht mehr.
Dazu hat der Schiffsbohrwurm das Holz zu sehr zerstört.
Die Lage ist absolut hoffnungslos.
Da hat C.C. eine völlig verrückte Idee: Mit einem Kanu, das er von den Indios gekauft hat, soll ein Mitglied der Mannschaft zu dem etwa 100 Seemeilen entfernten „Santo Domingo" auf der Insel „Hispaniola" paddeln, (wo sie vor etwa zehn Monaten nicht an Land gelassen wurden!) ein Schiff kaufen und damit zu den Schiffbrüchigen zurückkehren.
Zunächst findet sich kein Freiwilliger für dieses Wahnsinnsunternehmen. Dann entschließt sich Diego Mendez, der C.C. schon seit Jahren auf seinen Reisen begleitet, das Wagnis zu riskieren.
Das wissen wir, weil er seinen abenteuerlichen Rettungsversuch höchstpersönlich dokumentiert hat. Als Heldengeschichte natürlich, in der der Held Diego Mendez heißt und von der wahrscheinlich nicht einmal die Hälfte stimmt.
Fernando erzählt die Geschichte nämlich ganz anders:
Bei ihm reist Mendez nicht einsam und allein im Kanu, wie er behauptet. Es sind zwei Boote und an den Paddeln sitzen jede Menge Indianer.
Mindestens zwanzig. Vielleicht sogar siebzig.
Und einige Spanier sind auch dabei.

Kapitel 37

Fünf schreckliche Tage und Nächte dauert die Reise. Die Sonne brennt erbarmungslos vom Himmel. Das Trinkwasser geht ihnen aus.
Die Indianer trinken Salzwasser und sterben. Die Spanier rudern weiter und erreichen tatsächlich „Hispaniola".
Als Mendez, gezeichnet von Fieber und Schüttelfrost, nach längerem Suchen endlich vor den Gouverneur gelangt, verweigert Nicolas de Ovando nicht nur jede Hilfe, er lässt ihn sogar ins Gefängnis werfen. Sieben lange Monate lang.
Währenddessen kommt es bei den Wracks der Gestrandeten zum Aufstand. Die Brüder Porras – einer von ihnen ist Kapitän der „Santiago de Palos" – wagen die offene Meuterei. Sie wollen in dieser jamaikanischen Bucht nicht tatenlos zu Grunde gehen.
Nach kurzem Kampf sperren sie C.C. in seine Kajüte, verlassen mit den Vorräten das Schiff und bauen nicht weit davon entfernt eine kleine Siedlung. Mehr fällt ihnen auch nicht ein.
Die Getreuen der Mannschaft befreien C.C.
Dann warten alle sehnsüchtig auf die Rückkehr von Diego, obwohl sie nicht einmal wissen, ob er „Hispaniola" überhaupt lebend erreicht hat.

Viele Monate später taucht ein Schiff am Horizont auf und steuert direkt auf sie zu.
Die Freude ist riesengroß.
Doch dann geschieht das Unfassbare.
Der Kapitän der Karavelle lässt sich zu den Wracks hinüberrudern, bringt ihnen zwei Fässer Wein und ein halbes gesalzenes Schwein ... und erklärt den Fassungslosen, er habe strikte Anweisung des Gouverneurs, niemanden an Bord nehmen zu dürfen. Dann wünscht er viel Glück und segelt mit seiner Karavelle davon.

Das einzige Gute in all dem Schrecklichen. Sie wissen jetzt, dass Diego Mendez in „Santo Domingo" angekommen ist. Und sie haben ein paar Tage länger zu essen und zu trinken.
C.C. bietet den Meuterern Verhandlungen an, teilt ihnen mit, Mendez habe „Santo Domingo" erreicht, und stellt in Aussicht, dass bald ein rettendes Schiff käme. Er will sie ohne Bedingun-

Kapitel 37

gen wieder aufnehmen, weil er nicht ohne sie nach Spanien zurückkehren will. So schreibt es zumindest Fernando.

Die Meuterer lehnen ab. Sie wollen nicht mehr unter das Kommando des Admirals zurück. Doch sie befürchten, C.C. könnte vielleicht ohne sie davonsegeln, und greifen an. Mit Messern, Schwertern und Äxten. Ein großes Gemetzel beginnt.

Die „dummen" Indianer schauen vermutlich verwundert dabei zu, wie die „klugen" Spanier sich gegenseitig umbringen.

Diese Fremden waren wirklich unbegreiflich.

Die Anhänger des Columbus schlagen den Aufstand der Meuterer nieder. (Kupferstich von Theodor de Bry, 1594)

C.C.'s Getreue siegen. Er überlebt. Fernando auch. Die Meuterer werden in Ketten gelegt.

Der Rest ist schnell erzählt: Am 28. Juni 1504, ziemlich genau ein Jahr nachdem Diego Mendez aufgebrochen ist, um Hilfe zu holen, besteigen C.C. und die Überlebenden ein Schiff, das Mendez heimlich geschickt hat.

Die vierte Reise ist zu Ende. Die Durchfahrt durch den neuen Kontinent hat C.C. nicht gefunden.

Doch sein Traum ist wahr geworden. Er hat eine „neue Welt" entdeckt: AMERIKA.

Aber das interessiert im Spanien des Jahres 1504 – nach C.C.'s Rückkehr – niemanden. Verbittert geht der große Admiral für immer von Bord, besiegt von Goldgier, Krankheit und Stürmen ... und von den „gemeinen" Schiffsbohrwürmern!

Amerika

Benannt wurde C.C.'s „andere Welt" übrigens nach einem gewissen Amerigo Vespucci. Er war Italiener und Kartenzeichner wie C.C. Auf seinen Reisen in den unbekannten Westen fand er heraus, dass die Landmasse ein neuer, zusammenhängender Kontinent ist.

Kapitel 38
Die fünfte Reise

Die fünfte Reise

In keinem Geschichtsbuch ist sie erwähnt und trotzdem hat es sie gegeben, die fünfte Reise. Gedauert hat sie ziemlich genau 394 Jahre. Und niemand kann sagen, ob sie heute schon zu Ende ist.

C.C.'s fünfte Reise beginnt am 20. Mai 1506: Der Admiral der Meere, Vizekönig und Gouverneur von „Indien" liegt einsam und vergessen in seinem Haus in Valladolid. Nur ein Priester ist bei ihm und gibt ihm die Sterbesakramente. Christoph Columbus – noch nicht einmal 55 Jahre alt – spricht ihm nach: „In Deine Hände befehle ich meinen Geist." Dann ist ein großes Leben zu Ende.

Der Tod des Columbus
(Gemälde von Claude Jacquand, 1870)

Kein Vertreter des spanischen Königshauses erscheint zu seiner Beerdigung. Der Nationalheld ist vergessen.

Dass C.C.'s Angehörige sich Geld bei einer Bank in Genua leihen müssen, um ihn würdig zu bestatten, ist wahrscheinlich nur eine Legende, um C.C.'s Leben wieder mit der Stadt Genua in Verbindung zu bringen. Vieles deutet darauf hin, dass er recht wohlhabend stirbt, nicht zuletzt seine beiden Testamente.

Kapitel 38

Drei Jahre später geht C.C.'s Leichnam zum ersten Mal auf die Reise: von Valladolid nach Sevilla. Offensichtlich erinnert man sich bei Hofe wieder an den großen Entdecker. Man bringt ihn in die Kapelle des Klosters „Santa Maria de las Cuevas".

Dann stirbt sein Sohn Diego. Das ist der Anlass für die Familie, die sterblichen Überreste von Vater und Sohn nach „Hispaniola", C.C.'s Lieblingsinsel, bringen zu lassen. So landet C.C. 1537 zusammen mit seinem Sohn in „Santo Domingo", der dritten Station seiner letzten Reise.

Dort sind die Ur-Einwohner überhaupt nicht begeistert. Für sie hat der berühmte Entdecker nur Sklaverei, Ausbeutung und den tausendfachen Tod gebracht.

Ruine der Columbus-Kapelle auf „Hispaniola"
(Farblithografie nach einer Zeichnung von August C. Haun, 1866)

Wann er wieder „umgezogen" wird, weiß niemand ganz genau. Sicher ist nur, dass 1795 ein großer Teil „Hispaniolas" von Spanien an Napoleon abgetreten werden muss. Die Spanier nehmen bei ihrem Abzug ihren Nationalhelden mit auf die Nachbarinsel: nach Kuba!

In Havanna werden seine Knochen zum vierten Mal bestattet, zusammen mit denen von Diego.

Als Kuba unabhängig wird, segeln die nicht mehr allzu großen Überreste 1898 in einem kleinen Bleisarg zurück nach Spanien. In der Kathedrale von Sevilla baut man für sie ein riesiges Grabmal. Dort liegt er heute noch. Im Prinzip jedenfalls. Denn inzwischen ist man nicht mehr so sicher, ob sich in dem Bleisarg nach der langen Herumreiserei wirklich noch die Knochen von C.C. befinden. Zumindest könnten sie mit denen von Diego durcheinander geraten sein. Und natürlich kann sie auf diesen Reisen auch jemand vertauscht haben. Deshalb wird zurzeit ein Gentest durchgeführt – in Granada, der vorläufig letzten Station von C.C.'s fünfter Reise.

1 Valladolid   2 Sevilla
3 Santo Domingo   4 Havanna
5 Sevilla   6 Granada

Kapitel 39
Fragen über Fragen

Fragen über Fragen

Immer noch kennen wir den Tag von C.C.'s Geburt nicht, können nicht ganz sicher sein, ob er wirklich in Genua geboren ist oder vielleicht doch ganz woanders. Wissen nicht, wie er tatsächlich mit 25 Jahren nach Lissabon kam, nur dass die Sache mit den Piraten so ganz bestimmt nicht stimmt.

Warum hat man diesem „genialen Bauch-Segler" nachgesagt, er könne nicht einmal eine Hafeneinfahrt treffen?
Nur weil für die Spanier und Portugiesen ein „Italiener" eben nicht segeln konnte?
Oder weil er auf seinen Reisen so viele Schiffe versenkt hat?
Gab es diesen geheimnisvollen Steuermann, der ihm von den Passatwinden erzählt hat, eigentlich wirklich oder ist auch das nur eine gut erfundene Geschichte?
Besaß C.C. vielleicht sogar eine geheime Karte seines „unbekannten Kontinents"???

Vor allem aber – und da wird es richtig spannend: Warum nahm C.C. als Geschenke und zum Tausch Glasperlen und Falkenglöckchen mit auf die Reise zum „großen Khan", obwohl man seit Marco Polo wusste, dass der „Herrscher aller Herrscher" über die größten Reichtümer verfügte?

Glaubte C.C. wirklich die Untertanen des „Herrschers aller Herrscher" mit diesem wertlosen Tand beeindrucken zu können?
War es nicht absolut aberwitzig, mit einer Hand voll Soldaten den „großen Khan" herauszufordern, indem er Insel für Insel mit Kreuz und Fahne für die spanische Krone in Besitz nahm?
Oder war ihm – als er 1492 zum ersten Mal lossegelte – schon längst klar, dass Indien viel weiter weg lag?

Kapitel 39

Und wie war das mit Königin Isabella? Warum gab sie C.C. keine Grußbotschaften oder Sendschreiben an den „großen Khan" mit, obwohl das normalerweise unter Königen so üblich war? Zumindest wird in den umfangreichen Briefen und Dokumenten nirgendwo darüber berichtet. Wusste Isabella insgeheim davon, was C.C. wirklich plante?

Fragen über Fragen.
Auf die es noch immer keine endgültigen Antworten gibt.

Natürlich kann damals alles so gewesen sein, wie es in den meisten Geschichtsbüchern steht.
Es könnte aber auch ganz anders gewesen sein.
Entscheiden muss das jeder für sich.
Das können wir niemandem abnehmen.

Denn der große Entdecker Christoph Columbus, Cristóbal Colón oder Cristoforo Colombo ist und bleibt ein Geheimnis. Ein Mann voller Widersprüche, bei dem es noch unendlich viel zu entdecken gibt.

> **Übrigens:**
> Wie in jedem ordentlichen Sachbuch haben sich vermutlich auch in diesem ein paar Fehler eingeschlichen.
> Meldet euch, wenn ihr einen findet, und lasst uns nicht dumm sterben!

Columbus' Standbild auf dem Globus
(Teilansicht der Columbus-Säule in Barcelona
von Gaieta Buigas Monrava, 1886)

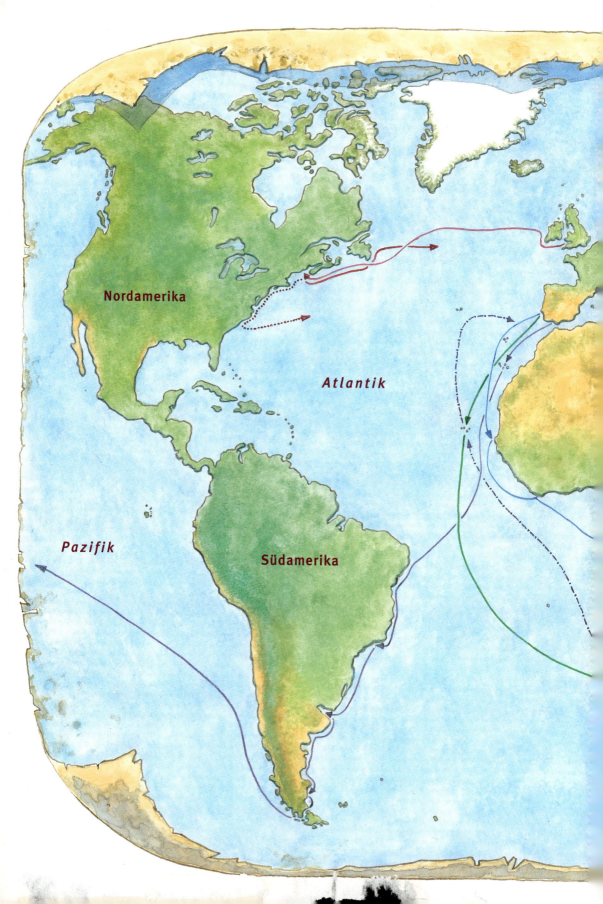